타자의 추방

Die Austreibung des Anderen
: Gesellschaft, Wahrnehmung und Kommunikation heute
by Byung-Chul Han

DIE
AUSTREIBUNG
DES
ANDEREN

타자의
추방

한 병 철
이재영 옮김

문학과지성사

타자의 추방

제1판 제1쇄 2017년 2월 27일
제1판 제7쇄 2024년 9월 30일

지은이 한병철
옮긴이 이재영
펴낸이 이광호
펴낸곳 ㈜문학과지성사
등록번호 제1993-000098호
주소 04034 서울 마포구 잔다리로7길 18(서교동 377-20)
전화 02) 338-7224
팩스 02) 323-4180(편집) 02) 338-7221(영업)
전자우편 moonji@moonji.com
홈페이지 www.moonji.com

ISBN 978-89-320-2986-3 03100

이 도서의 국립중앙도서관 출판예정도서목록(CIP)은 서지정보유통지원시스템 홈페이지
(http://seoji.nl.go.kr)와 국가자료공동목록시스템(http://www.nl.go.kr/kolisnet)에서
이용하실 수 있습니다. (CIP제어번호: CIP2017003759)

차례

같은 것의 테러

타자가 존재하던 시대는 지나갔다. 비밀로서의 타자, 유혹으로서의 타자, 에로스로서의 타자, 욕망으로서의 타자, 지옥으로서의 타자, 고통으로서의 타자가 사라진다. 오늘날 타자의 부정성은 같은 것의 긍정성에 밀려나고 있다. 같은 것의 창궐이 사회체社會體를 덮치는 병리학적 변화들을 낳는다. 박탈이나 금지가 아니라 과잉소통과 과잉소비가, 배제와 부정이 아니라 허용과 긍정이 사회체를 병들게 한다. 억압이 아니라 우울이 오늘날의 병적인 시대의 기호다. 파괴적인 압박은 타자가 아니라 내부로부터 온다.

내적 압박으로서의 우울은 자기공격적인 특징들을 나타

낸다. 우울한 성과주체는 말하자면 자신에 의해 맞아 죽거나 질식당한다. 타자의 폭력만 파괴적인 것이 아니다. 타자의 추방은 아주 다른 파괴 과정을, 즉 **자기파괴**를 작동시킨다. 타자의 부정성을 거부하는 시스템은 자기파괴적인 특징을 나타낸다. 이러한 폭력의 변증법은 보편적으로 작동한다.

같은 것의 폭력은 그 긍정성으로 인해 보이지 않는다. 같은 것의 창궐은 스스로를 성장으로 제시한다. 그러나 어떤 특정한 지점을 넘어서면 생산은 더 이상 생산적이지 않고 파괴적이며, 정보는 더 이상 정보를 주지 않고 왜곡하며, 소통은 더 이상 소통적이 아니라 그저 누적적이다.

오늘날에는 지각 자체도 "빈지 워칭Binge Watching," 즉 혼수상태에 이르도록 **뚫어지게 보기**의 형태를 취한다. 이는 어떠한 시간 제한도 없이 비디오와 영화를 소비하는 것을 말한다. 소비자들의 취향에 아주 잘 맞는, 그래서 그들의 마음에 드는 영화와 시리즈 들이 지속적으로 소비자들에게 제공된다. 소비자들은 언제나 새로운 같은 것을 섭취하고 소비가축처럼 살이 찐다. 혼수상태에 이르도록 **뚫어지게 보기**는 오늘날의 지각 방식 전반으로 일반화될 수 있다. 같은 것의 창궐은 악성종양이 아니라 혼수상태처럼 작동한다. 그것은 어떠한 면역 방어의 방해도 받지 않는다. 우리는 의식불명이 되도록 뚫어지게 본다.

감염은 타자의 부정성에 의해 일어난다. 타자는 동일자 내부로 침투하여 항체가 형성되도록 한다. 이에 반해 경색은 같은 것의 과잉, 시스템의 비만으로 인해 일어난다. 경색은 감염적이 아니라 과지방적이다. 지방에 대해서는 항체가 형성되지 않는다. 어떤 면역 방어도 같은 것의 창궐을 막아낼 수 없다.

타자의 부정성은 **동일자**에 형체와 척도를 제공해준다. 이것들이 없으면 **같은 것**의 창궐이 초래된다. 동일자는 같은 것과 동일하지 않다. 동일자는 언제나 타자와 쌍을 이루어 등장한다. 이에 반해 같은 것에는 이것을 제한하고 이것에 형태를 부여해줄 변증법적인 상대방이 없다. 그래서 같은 것은 형태 없는 덩어리로 창궐한다. 동일자는 타자에 대한 **차이** 덕분에 형태와 내적 밀도, 내면성을 지닌다. 이에 반해 같은 것은 형태가 없다. 같은 것에는 변증법적인 긴장이 없기 때문에 서로 무관심한 병존, 서로 구별되지 않는 창궐하는 덩어리가 생겨난다. "차이를 생각할 때만 동일자에 대해 말할 수 있다. 서로 차이가 있는 것을 조정하는 가운데 동일자의 밀도 있는 본성이 발현된다. 동일자는 서로 차이가 있는 것을 오로지 같은 것으로만 균일화하려는 모든 열성을 내쫓는다. 동일자는 서로 차이가 있는 것을 근원적인 일치로 모아낸다. 이에 반해 같은 것은 그저 단조롭기만 한 일자—者의 창백한 통일성 속으로 흩어지게 한다."[1]

오늘날 같은 것의 테러는 모든 삶의 영역으로 확산된다. 우리는 세상 곳곳을 돌아다니면서도 하나의 **경험**도 하지 못한다. 모든 것을 인지하면서도 어떤 것도 인식하지 못한다. 정보와 데이터를 쌓으면서도 어떤 **지식**에도 도달하지 못한다. 체험과 흥분을 애타게 추구하면서도 언제나 같은 상태로 남아 있다. 친구와 팔로워를 쌓으면서도 어떤 타자도 만나지 못한다. 사회 매체들은 사회적인 것의 절대적인 소멸 단계를 보여준다.

전면적인 디지털 네트워크와 소통은 타자와의 만남을 쉽게 해주지 않는다. 그것들은 오히려 낯선 자와 타자를 지나쳐 같은 자와 같은 생각을 지닌 사람들을 발견하도록 하고, 우리의 경험 지평이 갈수록 좁아지게 만든다. 그것들은 우리를 무한한 자기 매듭 속으로 얽어 넣고, 결국에는

"우리에게 우리 자신의 표상들을 주입시키는 자기선전"[2]으로 이끈다.

타자의 부정성과 변모가 엄밀한 의미에서의 경험을 만들어낸다. 어떤 것을 경험한다는 것은 "우리를 기습하는 것, 우리를 맞히는 것, 우리를 덮치는 것, 우리를 넘어뜨리는 것, 우리를 변모시키는 것"[3]을 말한다. 경험의 본질은 **고통**이다. 그러나 같은 것은 고통을 주지 않는다. 오늘날 고통은 같은 것을 지속시키는 '좋아요'에 밀려난다.

정보는 단순하게 우리 앞에 놓여 있다. 이에 반해 엄밀한 의미에서의 지식은 느리고 긴 과정이다. 지식은 아주 다른 시간성을 지닌다. 지식은 **성숙한다**. 성숙은 오늘날 우리가 점점 잃어버리고 있는 시간성이다. 효율성과 생산성을 증대시키기 위해 시간을 파편화하고, 시간적으로 안정적인 구조들을 제거하고 있는 오늘날의 시간 정책은 성숙과 어울리지 않는다.

정보들을 가장 대규모로 모아놓은 빅데이터에도 지식은 거의 들어 있지 않다. 빅데이터는 상관성을 조사하는 데 사용된다. 상관성이란 A가 발생하면 흔히 B도 발생한다는 것을 말한다. 하지만 왜 그런지는 알지 못한다. 상관성은 인과관계, 즉 원인과 결과 사이의 관계조차 밝혀내지 못하는 가장 원시적인 지식의 형태다. 그것은 그렇다. 왜라는 질문은 제기되지 않는다. 따라서 아무것도 파악되지 않는다. 하지만 지식은 파악하기다. 빅데이터는 이렇게 사유를 필요 없는 것으로 만든다. 우리는 아무 생각 없이 '그것은 그렇다'에 만족한다.

사유는 아주 다른 것으로 진입할 수 있다. 사유는 같은 것을 중단시킬 수 있다. 그래서 사유는 사건성을 지닌다. 이에 반해 계산은 같은 것의 무한한 반복이다. 사유에 반해 계산은 어떤 새로운 상태도 낳을 수 없다. 계산은 사건을 모른다. 반면, 진정한 사유는 사건적이다. 프랑스어로 디지털은 numérique*다. 수적인 것은 모든 것을 셀 수 있고 비교할 수 있는 것으로 만든다. 그래서 같은 것을 영구화한다.

엄밀한 의미에서의 인식도 변모를 낳는다. 인식은 새로운 의식의 상태를 산출한다. 인식의 구조는 구원의 구조와 비슷하다. 구원은 어떤 문제를 해결하는 것 이상의 일을

* 이 말에는 '수치로 나타낸' '수적인'이라는 의미도 있다.

한다. 구원은 구원이 필요한 자를 완전히 다른 존재 상태로 옮겨놓는다.

막스 셸러*는 「사랑과 인식Liebe und Erkenntnis」에서 아우구스티누스Aurelius Augustinus가 식물이 하나의 욕망을 지니고 있다는 주장을 "특이하고 신비로운 방식으로" 제기했다고 지적한다. 식물은 "인간이 자신을 바라봐주기를 욕망한다. 식물의 존재에 대한, 사랑이 인도하는 인식을 통해 구원과 유사한 일이 일어나기라도 하는 것처럼 말이다."[4] 만일 꽃이 자기 안에 충만한 존재를 지니고 있다면, 인간이 바라봐주는 데 대한 욕구를 느끼지 않을 것이다. 그러므로 꽃은 어떤 결핍을, 존재의 결핍을 가지고 있는 것이다. 사랑이 담긴 시선, "사랑이 인도하는 인식"이 꽃을 이런 결핍의 상태로부터 구원한다. 따라서 인식은 "구원과 유사한 것"이다. 인식은 구원이다. 인식은 타자로서의 대상에 대해 사랑하는 관계를 맺고 있다. 이 점에서 인식은 타자의 차원이 완전히 빠져 있는 단순한 인지 혹은 정보와 다르다.

---

* Max Scheler(1874~1928): 독일의 철학자, 인간학자, 사회학자.

사건에는 부정성이 내재한다. 사건은 현실에 대한 새로운 관계를, 새로운 세계를, 있음에 대한 새로운 이해를 낳기 때문이다. 사건은 갑자기 모든 것이 아주 새로운 빛 속에서 나타나도록 한다. 하이데거Martin Heidegger가 말하는 "존재망각Seinsvergessenheit"이란 바로 이 사건에 대한 무지를 말한다. 하이데거는 아마도 이렇게 말할 것이다. 오늘날의 소통 소음, 데이터와 정보의 디지털 비산飛散이 진리의 소리 없는 굉음과 고요한 위력을 듣지 못하게 한다고 말이다. "하나의 굉음, 그것은 진리다 / 직접 인간 사이로 / 메타포의 비산 한가운데로 들어온."[5]

디지털 혁명의 초기에는 특히 유토피아적인 기획들이 지배적이었다. 예컨대 플루서*는 디지털 네트워크의 형성을 이웃에 대한 사랑의 기술로 치켜세웠다. 그의 생각에 따르면 인간으로 존재함은 타자와 연결되어 존재함을 뜻한다. 디지털 네트워크화는 특별한 반향의 경험을 가능하게 해줄 것이다. 모든 것이 공명한다. "네트가 떨린다. 네트는 격정이며, 반향이다. 이것이, 이 가까움의 공감과 반감이 텔레

* Vilém Flusser(1920~1991): 체코 출신의 매체철학자, 소통학자.

마티크의 기초다. 나는 텔레마티크가 이웃에 대한 사랑의 기술이며, 유대 기독교를 실행하게 해주는 기술이라고 믿는다. 텔레마티크의 토대는 공감이다. 텔레마티크는 이타주의를 위해 휴머니즘을 파괴한다. 이런 가능성이 존재한다는 것 자체가 이미 무언가 거대한 일이다."[6] 오늘날 네트는 모든 다름, 모든 낯섦이 제거된 특별한 공명 공간으로, 메아리의 방으로 변하고 있다. 진정한 공명은 타자의 가까움을 전제로 한다. 오늘날 타자의 가까움은 같은 것의 무간격에 밀려난다. 지구적인 소통은 같은 타자 혹은 다른 같은 자만을 허용한다.

가까움에는 그 변증법적인 상대방으로서 멂이 새겨져 있다. 멂의 제거는 가까움을 키우지 않고, 오히려 가까움을 파괴한다. 가까움 대신 완전한 무간격이 생겨난다. 가까움과 멂은 서로 얽혀 있다. 변증법적인 긴장이 양자를 결합시킨다. 사물들이 그 대립물, 즉 그 자신의 타자에 의해 활력을 얻는다는 것이 이 긴장의 핵심이다. 무간격과 같은 단순한 긍정성에는 이런 활력을 주는 힘이 없다. 가까움과 멂은 동일자와 타자처럼 서로를 변증법적으로 매개한다. 그러므로 무간격도, 같은 것도 활력이 없다.

디지털 무간격은 가까움과 멂의 모든 변주 형태들을 제거한다. 모든 것이 똑같이 가깝고, 똑같이 멀다. "흔적과 아우라. 흔적은 가까움의 현상이다. 가까움이 남겨놓은 것이 아무리 멀다고 해도. 아우라는 멂의 현상이다. 멂이 불러일으킨 것이 아무리 가깝다고 해도."[7] 아우라에는 타자, 낯선 자, 수수께끼의 부정성이 내재한다. 디지털 투명사회는 세계의 아우라를 없애고, 신비를 없앤다. 포르노 영상의 일반적인 기법인 과잉근접과 과잉조명은 모든 아우라적인 멂, 에로틱한 것의 핵심인 멂을 파괴한다.

포르노에서는 모든 몸이 똑같다. 이 몸들은 또한 똑같은 몸의 부분들로 분열한다. 일체의 언어를 빼앗긴 몸은 성적인 것으로 환원되고, 이 성적인 것은 성별의 차이 외에는 아무런 차이를 알지 못한다. 포르노그래피적인 몸은 더 이상 "그 안에 꿈과 신성이 각인되는" 현장도, "호화로운 무대"도, "동화와 같은 표면"[8]도 아니다. 그것은 아무 이야기도 하지 않는다. 그것은 유혹하지 않는다. 포르노는 몸뿐만 아니라 소통 자체의 완전한 탈서사화, 탈언어화를 추동시킨다. 바로 이 점에서 포르노는 외설적이다. 벌거벗은 육체를 가지고 유희하는 것이 불가능해진다. 유희에는 가상이, 비非진실이 필요하다. 벌거벗은 포르노그래피적 진실은 어떠한 유희도, 유혹도 허락하지 않는다. 성과로 간주되는 성 또한 모든 형태의 유희를 몰아낸다. 성은 완전히 기계화된다. 성과, 성적 매력, 피트니스를 명령하는 신자유주의는 궁극적으로 몸을 최적화해야 하는, 기능적 대상으로 획일화한다.

같은 것의 창궐은 "그 안에서 그저 공허만이 빛을 발산하는 충만함"[9]이다. 타자의 추방은 **충만함의 비만한 공허**를 낳는다. 같은 것이 질주하는 정지 상태를 초래하는 과잉가시성, 과잉소통, 과잉생산, 과잉소비는 외설적이다. "같은 것을 같은 것과 연결하는 것"[10]은 외설적이다. 이에 반해 유혹은 "같은 것에서 같은 것을 떼어놓는 것," 그것이 자신으로부터 벗어나도록 하는 능력이다.[11] 유혹의 주체는 **타자**다. 유혹의 양태는 성과와 생산에 대립되는 양태로서의 유희다. 오늘날에는 유희조차 생산 형태로 바뀌고 말았다. 노동이 게임화되는 것이다.

찰리 카우프만Charlie Kaufman의 스톱모션 애니메이션 「아노말리사Anomalisa」는 오늘날의 같은 것의 지옥을 가차 없이 묘사한다. 이 영화는 타자에 대한 갈망 혹은 **사랑 예찬**

이라고 불려도 좋았으리라. 같은 것의 지옥에서는 **타자를 욕망하는** 것이 불가능하다. 주인공 마이클 스톤은 성공적인 동기부여 트레이너이자 작가다. 그의 성공작의 제목은 '당신이 그들을 돕는 것을 도와드릴까요?'다. 신자유주의적 세계의 전형적인 안내서다. 그의 책은 어디서나 칭송받는다. 생산성을 상당히 제고시켜주기 때문이다. 성공에도 불구하고 그는 심각한 실존적 위기에 빠진다. 그는 의미가 사라지고, 단조롭고, 매끄럽게 다듬어진 소비사회와 성과사회 안에서 외롭고, 패배했고, 지루해하고, 환멸을 느끼고, 방향을 잃은 듯하다. 여기서 모든 사람들은 얼굴이 똑같고, 목소리도 똑같다. 택시 운전사, 웨이트리스, 호텔 관리인의 목소리가 마이클의 아내나 옛 애인의 목소리와 똑같다. 아이의 얼굴도 어른의 얼굴과 구별되지 않는다. 클론들이 세상을 가득 채우고 있는데, 역설적이게도 모두가 자신은 다른 사람들과 다르다고 주장한다.

마이클은 강연을 하기 위해 신시내티에 도착한다. 그는 호텔에서 어떤 여자의 목소리를 듣게 되는데, 그 소리는 아주 다르다. 그는 그 여자가 있을 것으로 짐작되는 호텔 방의 문을 두드린다. 그리고 그녀를 발견한다. 놀랍게도 그녀는 그가 누구인지 안다. 그녀는 그의 강연을 듣기 위해 신시내티로 온 것이다. 그녀 이름은 리사다. 그녀는 목소리가 다를 뿐 아니라, 얼굴도 다르다. 하지만 그녀는 자기 얼굴이 최적화된 통일적 얼굴과 다르기 때문에 스스로가 못생겼다고 생각한다. 게다가 그녀는 몸이 통통하고, 얼굴에 흉터가 있다. 그녀는 머리카락으로 흉터를 숨기려고 한다. 그러나 마이클은 그녀와 사랑에 빠지고, 그녀의 다른 목소리를, 그녀의 다름을, 비정상성Anomalie을 사랑하게 된다. 사랑에 도취된 그는 그녀를 아노말리사라고 부른다. 두 사람은 함께 밤을 보낸다. 마이클은 악몽 속에서 그와 섹스를 하고 싶어 하는, 완전히 똑같이 생긴 호텔 직원들에게 쫓긴다. 그는 같은 것의 지옥을 지나간다.

그런데 리사와 아침 식사를 할 때, 그녀의 목소리가 점점 더 통일된 목소리와 비슷해진다. 그는 깜짝 놀란다. 그는 집으로 돌아온다. 사방에 같은 것의 황무지뿐이다. 그의 가족과 친구들이 그를 맞이한다. 하지만 그는 그들을 구별할 수 없다. 모두가 서로 똑같다. 깊은 혼란에 빠진 그는 아들을 위해 한 섹스용품점에서 산 일본 섹스 인형의 맞은편에 앉는다. 인형의 입은 언제든 펠라티오를 할 수 있도록 크게 벌어져 있다.

마지막 장면에서 리사는 마치 같은 것의 마법으로부터 벗어나 각자가 자기 고유의 목소리와 얼굴을 돌려받은 것으로 보이는 다른 세계로부터 말하듯이 마이클에 대한 사랑을 확언한다. 리사는 그저 지나가는 말처럼 아노말리사가 일본어로 "천상의 여신"을 뜻한다고 전한다. 아노말리사는 우리를 같은 것의 지옥으로부터 구원해주는 타자 자체다. 아노말리사는 에로스로서의 타자다.

같은 것의 지옥에서 인간은 원격조종을 받는 인형에 불과하다. 그래서 이 영화가 실제 배우들이 아니라 인형들을 등장인물로 내세운 것은 의미심장하다. 마이클의 얼굴에 있는, 실제를 폭로하는 갈라진 틈은 그가 그저 인형에 지나지 않음을 알게 해준다. 한 장면에서 그의 얼굴 일부분이 바닥으로 떨어진다. 그는 떨어진 입 부분을 집어 드는데, 그것은 자동적으로 무언가 말을 지껄인다. 그는 자신이 인형이라는 사실에 놀란다. "우리는 미지의 어떤 힘이 철사로 조종하는 꼭두각시들이야. 우리가 한 건 아무것도, 아무것도 없어!"라는 뷔히너Georg Büchner의 말은 이 영화를 한마디로 요약하는 말이 될 수 있을 것이다.

세계적인 것의 폭력과 테러리즘

세계화는 모든 것을 서로 교환할 수 있는 것, 비교할 수 있는 것vergleichbar으로, 따라서 같은 것으로 만드는 폭력적 힘이 있다. 전면적인 같게-만들기Ver-Gleichen는 궁극적으로 의미의 소멸을 낳는다. 의미는 비교할 수 없는 어떤 것이다. 돈만으로부터는 의미도 정체성도 생기지 않는다. 같은 것의 폭력으로서의 세계적인 것의 폭력은 정보와 소통과 자본의 순환을 방해하는 타자, 단독적인 것, 비교할 수 없는 것의 부정성을 파괴한다. 같은 것이 같은 것과 만나는 지점에서 세계적인 것은 최고 속도에 도달한다.

모든 것을 같은 것으로 획일화하고 같은 것의 지옥을 만들어내는 세계적인 것의 폭력은 그에 맞서는 파괴적인 힘을 산출한다. 장 보드리야르Jean Baudrillard가 이미 세계화의 광기가 테러리스트라는 광인을 만들어낸다고 지적한 바 있다. 이에 따르면 관타나모 수용소는 스스로 범죄자와 사이코패스를 만들어내는 저 억압적인 훈육사회의 정신병동이나 감옥과 같다.

테러리즘은 그 행위자의 직접적 의도를 넘어서서 시스템의 배척을 가리키는 어떤 것과 함께 나타났다. 사람들을 테러리즘으로 이끄는 것은 종교적인 것 자체가 아니다. 그것은 오히려 세계적인 것에 맞서는 단독적인 것의 저항이다. 따라서 특정 종교나 단체를 조준하는 테러방어조치는 가망 없는 대체행동에 불과하다. 소리 높여 적을 규탄하는 행동도 시스템에 원인이 있는 실제의 문제를 은폐한다. 세계적인 것의 테러 자체가 테러리즘을 낳는다.

세계적인 것의 폭력은 일반적인 교환에 순응하지 않는 모든 단독적인 것을 쓸어 없앤다. 테러리즘은 세계적인 것에 맞서는 단독적인 것의 테러다. 어떤 교환도 거부하는 죽음은 단독적인 것 그 자체다. 죽음은 테러리즘과 함께 시스템 속으로 난폭하게 침입한다. 시스템 안에서 삶은 생산과 성과로 전체화된다. 죽음은 생산의 종말이다. 테러리스트들의 죽음 예찬과 삶을 그저 삶으로서 무조건 연장하려고만 하는 오늘날의 건강 히스테리는 서로가 서로의 조건이다. "너희는 삶을 사랑하고, 우리는 죽음을 사랑한다"라는 알카에다의 구호는 바로 이런 체계적인 연관을 지적하고 있다.

장 보드리야르는 1993년에 이미 이슬람 테러 공격의 목표물이 되었던 트윈 타워의 건축학적 특성에 대해 말한다. 록펠러 센터의 고층 건물은 유리와 강철로 구성된 파사드로 도시와 하늘을 반사하지만, 트윈 타워는 외부와, 타자와 아무런 연관을 갖지 않는다. 서로 모습이 같고 서로를 비추는 두 개의 쌍둥이 빌딩은 그 자체로 완결된 시스템을 형성한다. 따라서 이 두 건물은 타자를 완전히 배제한 상태에서 같은 것을 관철시킨다. 테러 공격은 이러한 세계적인 같은 것의 시스템에 균열을 일으킨다.

오늘날 다시 깨어나고 있는 민족주의와 신우익, 혹은 정체성 운동*도 세계적인 것의 지배에 대한 반사작용이다.

---

* 이슬람주의의 위협에 맞서 유럽 문화의 순수성을 지켜야 한다고 주장하는 극우적 행동 그룹들.

그러므로 신우익의 추종자들이 외국인을 적대할 뿐만 아니라 자본주의도 비판하는 것은 우연이 아니다. 국경에 대한 민족주의적이고 낭만적인 예찬도, 이슬람 테러리즘도 세계적인 것에 직면하여 나타나는 동일한 반응 도식을 따르고 있다.

신자유주의는 세계적 차원에서 엄청난 불의를 낳고 있다. 착취와 배제는 신자유주의를 구성하는 요소들이다. 신자유주의는 체제비판적인 혹은 체제에 부적합한 사람들을 달갑지 않은 인물들로 확인하고 배제하는 "반옵티콘banopticon," 즉 추방의 옵티콘을 구축한다. 판옵티콘 panopticon은 훈육을 위해 작동하지만, 반옵티콘은 안전을 위해 작동한다. 서양의 복지 지역 안에서조차 신자유주의는 사회적 불평등을 심화시키고 있다. 궁극적으로 신자유주의는 사회적 시장경제를 철폐한다. "신자유주의"라는 개념의 창시자인 알렉산더 뤼스토우*는 이미 신자유주의적 시장법칙에만 맡겨지면 사회는 반인간적으로 변하고, 사회적인 배척을 야기할 것이라고 지적했다. 그래서 그는 연

* Alexander Rüstow(1885~1963): 독일의 사회학자, 경제학자.

대와 공동체의식을 산출하는 "생명정치Vitalpolitik"로 신자유주의를 보완해야 한다고 말했다. 신자유주의를 이 생명정치로 교정하지 않으면 불안과 두려움에 좌우되는 대중이 생겨날 것이며, 이들은 민족주의적, 국수주의적 세력들에 쉽게 포섭된다. 자신의 미래에 대한 두려움이 외국인에 대한 적대적 태도로 바뀐다. 자신에 대한 걱정은 외국인에 대한 증오뿐만 아니라 자신에 대한 증오로도 표현된다. 두려움의 사회와 증오의 사회는 서로가 서로의 조건이다.

절망감과 전망의 부재가 결합된 사회적 불안은 테러리즘 세력을 키우는 비옥한 토양을 만들어낸다. 신자유주의 체제는 이 외견상으로만 서로 대립하는 파괴적 요소들을 직접적으로 배양한다. 이슬람 테러리스트와 국수주의적 민족주의자는 실제로는 적이 아니라 형제다. 양자는 동일한 발생 과정을 거치기 때문이다.

돈은 정체성을 매개해주는 데는 적합하지 않다. 하지만 정체성을 대체할 수는 있다. 돈은 적어도 그것을 가진 사람에게 안전하고 평안하다는 느낌을 줄 수는 있기 때문이다. 이에 반해 돈조차 없는 사람에게는 아무것도 없다. 정체성도, 안전도 없다. 그래서 그는 어쩔 수 없이 상상적인 것으로, 예컨대 신속하게 정체성을 제공해주는 국수주의로 넘어간다. 이 과정에서 그는 적을 발명해낸다. 그 한 예가 이슬람이다. 이렇게 사람들은 의미를 제공해주는 정체성을 갖기 위해 상상적인 경로를 통해 **면역성**을 구축한다. 자신에 대한 걱정이 무의식적으로 적에 대한 갈망을 일깨운다. 적은 상상적인 형태 속에서도 신속하게 정체성을 제공해준다. "적은 우리 자신의 문제가 형태화된 것이다. 그렇기 때문에 나는 나 자신의 척도를, 나 자신의 경계를, 나 자신의 형태를 획득하기 위해 적과 맞서 싸워야 한다."[12] 상상적인 것은 현실 속의 결핍을 보충해준다. 테러리스트들 안에도 상상적인 것이 내재한다. 세계적인 것은 현실적인 폭력을 야기하는 상상적 공간을 만들어낸다.

세계적인 것의 폭력은 동시에 면역 방어를 약화시킨다. 면역 방어는 정보와 자본의 가속화된 세계적 순환을 방해하기 때문이다. 면역의 문턱이 아주 낮은 곳에서 자본은 더 빨리 흐른다. 오늘날, 같은 것을 전체화하는 세계적인 것의 지배적인 질서 안에는 사실상 같은 다른 것 혹은 다른 같은 것밖에 없다. 새로 설치된 경계 울타리들 주변에서는 타자에 대한 환상이 생겨나지 않는다. 이 울타리들은 말이 없다. 이주자들과 난민들도 실제로는 실재하는 위협, 현실적인 두려움을 느끼게 하는 타자도, 낯선 자도 아니다. 이들은 오로지 상상적인 것 속에만 있다. 이주자들과 난민들은 오히려 부담으로 여겨진다. 이웃이 될 수도 있는 그들이 일으키는 감정은 분노와 질투인데, 이는 공포와 두려움, 역겨움과는 달리 진정한 면역 반응이 아니다. 외국인에게 적대적인 대중은 북아프리카 사람들에게 반감을 느끼지만, 바로 이 대중이 북아프리카로 패키지여행을 떠난다.

보드리야르는 세계적인 것의 폭력이 악성종양과 같다고 생각한다. 그것은 "암세포"처럼 "무한정한 창궐, 과잉성장, 전이를 통해"[13] 확산된다. 그는 세계적인 것을 면역 모델로 설명한다. "면역성, 항체, 이식, 객혈이 그토록 자주 언급되는 것은 우연이 아니다."[14] 세계적인 것의 폭력은 "바이러스에 의한 폭력, 네트워크와 가상적인 것의 폭력"[15]이다. 가상성은 바이러스와 같다. 이렇게 네트워크화를 면역 모델로 서술하는 것은 문제가 있다. 면역성은 정보와 소통의 순환을 억제한다. '좋아요'는 면역 반응이 아니다. 긍정성의 폭력으로서의 세계적인 것의 폭력은 탈면역적이다. 보드리야르는 디지털 질서, 신자유주의 질서에 핵심적인 패러다임의 변화를 간과한다. 면역성은 지상의 질서에 속한다. "내가 원하는 것으로부터 나를 보호하라Protect me from what I want"라는 제니 홀저*의 구호는 긍정성의 폭력이 지닌 탈면역적인 성질을 분명하게 드러낸다.

"전염" "이식" "객혈" "항체"는 오늘날의 과잉소통과 과잉 정보의 창궐을 설명하지 못한다. 같은 것의 과잉은 구토를 유발할 수는 있지만, 구토는 아직 타자와 낯선 자를 향한 역겨움이 아니다. 역겨움은 "비상 상태, 동화시킬 수 없는 타자성에 직면하여 자기주장이 맞게 되는 긴급한 위기"[16]를 말한다. 폭식증과 빈지 워칭, 빈지 이팅**과 같은 증상들은 바로 타자의 부정성이 없을 때 나타난다. 이런 증상들은 바이러스로 인한 증상과 다르다. 이런 증상들은 오히려 모든 면역 방어로부터 벗어나는 긍정성의 폭력으로 인한 것이다.

신자유주의는 절대 계몽주의의 종착지가 아니다. 신자유주의는 이성에 의해 인도된 것이 아니다. 바로 신자유주의

---

* Jenny Holzer(1950~): 미국의 개념미술가.
** 음식 섭취를 의식적으로 조절할 수 없는 상태에서 간헐적으로 폭식을 하는 식이장애.

의 광기가 테러리즘과 민족주의의 형태로 분출되는 파괴적 긴장을 산출한다. 신자유주의는 자신을 자유로 내세우지만, 이 자유는 광고다. 세계적인 것은 오늘날 보편적 가치들까지 잠식하고 있다. 그 결과 자유 자체가 착취당한다. 우리는 우리 자신을 실현한다는 망상에 빠져 자발적으로 스스로를 착취한다. 자유의 억압이 아니라 자유의 착취가 생산성과 효율성을 극대화한다. 이것이 신자유주의의 비열한 기본 논리다.

세계적인 것의 폭력에 맞서 우리는 보편적인 것이 세계적인 것에 의해 잠식되는 것을 막아야 한다. 따라서 단독적인 것에도 자신을 열어놓는 보편적 질서를 반드시 만들어내야 한다. 세계적인 것의 시스템에 폭력적으로 침입하는 단독적인 것은 대화를 허락하는 타자가 아니다. 테러리즘은 대화를 불가능하게 한다는 점에서 악마적이다. 낯과 다름이 허용된 가까움 속에 머무르는 화해된 상태에서만 단독적인 것은 악마성을 버릴 것이다.[17]

칸트Immanuel Kant가 말한 "영구 평화"는 다름 아닌 화해의 상태를 말한다. 영구 평화는 이성이 자신에게 부여하는 보편적 가치에 기초한다. 칸트에 따르면 평화는 "전쟁과 공존할 수 없으며, 조만간 모든 민족을 장악하게 될" "상업정신"[18]을 통해서도 강제될 것이다. 그러나 이러한 평화는 한시적이며, 영구적이지 않다. 이는 "돈 권력"이 자신을 위해 평화를 강요하는 상태에 지나지 않는다. 그러나 세계적인 상업은 다른 수단을 통한 전쟁이다. 괴테Johann Wolfgang von Goethe의 『파우스트』에 이런 말이 나온다. "나는 항해술을 배울 필요도 없어. / 전쟁과 상업과 해적질 / 이 삼위일체는 서로 떼어낼 수 없지."*

세계적인 것의 폭력은 실제의 세계 전쟁처럼 사망자들과 난민들을 만들어낸다. 상업정신이 강요하는 평화는 한시적일 뿐만 아니라 공간적으로도 제한되어 있다. 반옵티콘으로서의 복지 지역 혹은 복지의 섬은 경계를 표시하는 울타리들과 난민수용소와 전쟁터로 둘러싸여 있다. 칸트는 분명 상업정신의 악마성을, 나아가 그 무이성성無理性性을 몰랐다. 그의 판단은 관대했다. 그는 상업정신이 "긴" 평화를 낳을 것이라고 예상했다. 그러나 이 평화는 그저 가상일 뿐이다. 상업정신은 오로지 계산하는 오성悟性만을 부여받

* 『파우스트』에 등장하는 악마 메피스토펠레스의 대사.

았다. 거기에는 아무런 이성도 없다. 그러므로 오로지 상업정신에 의해, 돈의 권력에 의해 지배되는 시스템 자체에도 이성은 없다.

오늘날의 난민 위기는 유럽연합이 이기적 목적을 좇는 경제적 상업연합에 지나지 않음을 폭로한다. 유럽의 자유 상업지역, 개별 국가의 이익을 추구하는 정부들 사이의 계약 공동체로서의 유럽연합을 칸트는 이성적 구성물로, 이성에 의해 인도되는 "국가연맹"으로 보지 않았을 것이다. 인권과 같은 **보편적** 가치를 추구하는 헌법공동체만이 이성에 의해 인도되는 공동체로 인정받을 수 있을 것이다.

이성에 의해 세워진 영구 평화에 대한 칸트의 관념은 무조건적인 "환대"에 대한 요구에서 정점에 도달한다. 이에 따르면 모든 이방인은 다른 나라에서 체류할 권리를 지닌다. 그는 "자신의 자리에서 평화로운 태도를 유지하는 한" 적대적으로 취급받지 않고 머무를 수 있다. 칸트에 따르면 어느 누구도 "지구상의 어떤 장소에 있을 권리를 다른 사람보다 더 많이 갖고 있지 않다." 환대는 유토피아적 표상이 아니라 이성이 강요하는 관념이다. "앞선 조항에서와 마찬가지로 여기서도 우리는 인간애가 아니라 권리에 대해 말하고 있다. 그리고 환대(손님으로 머무를 권리)는 이방인이 타지 사람의 땅에 도착했다는 이유로 타지 사람에 의해 적대적으로 취급받지 않을 권리를 말한다." 환대는 "법에 대한 공상적이거나 과장된 표상 방식이 아니라, 공적인 인권 자체를 위해, 따라서 영구 평화를 위해 국내법과 국제법의 성문화되지 않은 법전을 보충하는 데 반드시 필요하다. 이런 조건을 충족시킬 때만 우리는 영구 평화를 향해 지속적으로 접근해가고 있다고 자부할 수 있을 것이다."[19]

환대는 자기 자신에 도달한 보편적 이성의 가장 높은 표현이다. 이성은 동질화하는 힘을 행사하지 않는다. 이성은 친절함을 통해 타자를 그 타자성 안에서 인정하고 환영할 수 있게 된다. 친절함은 자유를 의미한다.

환대의 관념은 이성을 넘어서서 보편적인 무언가를 제시한다. 니체Friedrich Nietzsche는 환대가 "너무나 풍요로운 영혼"의 표현이라고 했다. 이런 영혼은 모든 단독적인 것들을 자신 안에 머물게 할 수 있다. "그리고 모든 생성 중인 것, 떠도는 것, 추구하는 것, 덧없는 것을 나는 여기서 환영한다! 이제 환대는 나의 유일한 친교관계다."[20] 환대는 화해를 약속한다. 미적으로 그것은 아름다움으로 나타난다. "결국 우리는 언제나 낯선 것에 대한 우리의 선의와 인내심과 공평함과 온유함에 대한 보상을 받게 된다. 이 보상은 낯선 것이 천천히 자신의 베일을 벗고, 새롭고 형언할 수 없는 아름다움으로 자신을 드러냄으로써 이루어진다—이것이 우리의 환대에 대한 그의 감사다."[21] 아름다움의 정치는 환대의 정치다. 이방인에 대한 적대성은 증오이며 추하다. 이 적대성은 보편적 이성의 결여를, 사회가 여전히 화해되지 않은 상태에 있음을 보여주는 징후다. 한 사회의 문명화 정도를 보여주는 척도는 바로 이 사회의 환대, 나아가 친절함이다. 화해는 친절함을 뜻한다.

진정성의 테러

오늘날 진정성Authentizität이라는 말이 자주 사용되고 있다. 진정성은 신자유주의의 모든 광고들과 마찬가지로 해방의 옷을 입고 등장한다. 진정하다는 것은 사전에 만들어진, 외부에서 정해진 표현과 태도의 틀에서 자유롭다는 것을 말한다. 진정성은 오직 자기 자신과만 같을 것, 오로지 자신을 통해서만 자신을 정의할 것, 자기 자신의 저자이자 원작자일 것을 강요한다. 진정성의 명령은 자신에 대한 강제를 만들어낸다. 영구적으로 자신에게 질문을 던지고, 자신을 듣고, 자신을 엿보고, 자신을 포위하라는 강제 말이다. 그럼으로써 진정성의 명령은 나르시시즘적인 자기관계를 첨예화한다.

진정성의 강제는 자아로 하여금 **자신을 생산하도록** 강요한다. 진정성은 궁극적으로 자아의 신자유주의적 생산 형태다. 진정성은 만인을 자기 자신의 생산자로 만든다. 자기 자신의 경영자로서의 자아는 **자신을 생산하고, 자신을 실행시키고,** 자신을 상품으로 내놓는다. 진정성은 판매 논리다.

오로지 자신하고만 같고자 하는 진정성의 노력은 타인들과의 영구적인 비교를 낳는다. 같게-만들기의 논리는 다름을 같음으로 바꾼다. 그 결과 다름의 진정성은 사회적인 동형성을 고착시킨다. 이 진정성은 시스템과 일치하는 차이만을, 다시 말해 잡다함Diversität만을 허용한다. 신자유주의적 용어로서의 잡다함은 착취할 수 있는 자원이다. 이런 잡다함은 어떠한 경제적 활용도 거부하는 **상이성**Alterität과 대립한다.

오늘날에는 누구나 타인들과 다르고자 한다. 그러나 이 타인과 다르고자 함 속에서 같은 것이 계속된다. 이는 보다 높은 차원의 동형성이다. 같음은 다름을 관통하여 계속 자신을 고수한다. 다름의 진정성은 오히려 억압적인 획일화보다 더 효과적으로 동형성을 관철시킨다.

애인으로서의 소크라테스Socrates는 그의 제자들로부터 아토포스atopos*라고 불렸다. 내가 욕망하는 타인은 장소가 없다. 그는 어떤 비교로부터도 벗어난다. 롤랑 바르트Roland Barthes는 『사랑의 단상*Fragments d'un discours amoureux*』에서 타자의 아토포스에 대해 이렇게 말한다. "타자는 아토포스로서 말을 전율시킨다. 우리는 이 타자를 말할 수도, 이 타자에 대해서 말할 수도 없다. 모든 수식어는 잘못된 것이고, 고통스럽고, 어울리지 않고, 어색하다. 〔······〕"**22** 욕망의 대상으로서 소크라테스는 비교할 수 없고 단독적이다. 단독성Singularität은 진정성과는 전혀 다른 어떤 것이다. 진정성은 비교 가능성을 전제한다. 진정한 사람은 타인들과 다르다. 그러나 소크라테스는 아토포스, 즉 비교할 수 없는 존재다. 그는 타인들과 다를 뿐만 아니라, 타인들과 다른 모든 사람들과도 다르다.

지속적인 같게-만들기의 문화는 아토포스의 부정성을 허용하지 않는다. 이 문화는 모든 것을 비교할 수 있는 것으로, 다시 말해 같은 것으로 만든다. 그래서 아토포스적인

---

* 부정의 접두어 a와 '장소'를 뜻하는 topos가 결합된 말이다.

타자의 경험이 불가능해진다. 소비사회는 소비할 수 있는, 나아가 헤테로토포스*적인 차이들을 위해 아토포스적인 다름을 제거하려고 노력한다. 아토포스적인 다름과는 반대로 차이는 긍정성이다. 신자유주의적인 생산과 소비의 형태인 진정성의 테러는 아토포스적인 다름을 철폐한다. 전적인 타자의 부정성은 같은 것의 긍정성, 나아가 **같은 타자**의 긍정성에 밀려난다.

신자유주의적 생산 전략으로서 진정성은 상품화할 수 있는 차이들을 산출한다. 이를 통해 진정성은 자신을 물질화하는 상품들의 다양성을 증가시킨다. 개인들은 자신의 진정성을 무엇보다 소비를 통해 표현한다. 진정성의 명령은 자율적인 주권자로서의 개인을 형성하지 않는다. 오히려 이 명령은 상업에 의해 완전히 장악된다.

진정성의 명령은 나르시시즘적인 강제를 낳는다. 나르시시즘은 병적인 것과는 무관한, 건강한 자기애가 아니다. 건강한 자기애는 타자에 대한 사랑을 배제하지 않는다. 이에 반해 나르시시즘은 타자를 보지 못한다. 타자는 에고가

---

* '다르다'는 뜻의 heteros와 topos의 합성어로, 미셸 푸코Michel Foucault 가 고안한 개념이다.

이 타자 안에서 자신을 알아볼 때까지 계속 왜곡된다. 나르시시즘적인 주체는 세계를 오로지 자신의 음영으로만 지각한다. 그 불행한 결과가 타인의 소멸이다. 자신과 타인 사이의 경계가 희미해진다. 자신이 용해되어 불명료해진다. 자아는 자신 안에서 익사한다. 이에 반해 안정된 자아는 타인에 직면할 때 비로소 형성된다. 이와 달리 과도하고 나르시시즘적인 자기연관은 공허감을 낳는다.

오늘날에는 성적 에너지가 무엇보다도 자아에 투자된다. 자아 리비도의 나르시시즘적인 축적은 대상 리비도, 즉 대상을 점유하는 리비도의 감소를 초래한다. 대상 리비도는 대상에 대한 결속을 낳으며, 그 대가로 자아를 안정화한다. 자아 리비도의 나르시시즘적인 누적은 병을 초래한다. 이는 두려움, 수치감, 죄의식, 공허감과 같은 부정적 감정들을 낳는다. "그러나 어떤 특정한, 매우 강력한 과정이 대상으로부터 리비도를 철회할 것을 강요하는 경우는 이와 전혀 다르다. 이 경우 나르시시즘적으로 변한 리비도는 대상으로 회귀하는 길을 찾을 수 없고, 이렇게 리비도의 가동성이 방해받으면 병이 생겨난다. 나르시시즘적 리비도의 누적이 일정 정도를 넘어서게 되면 더 이상 견딜 수 없는 것으로 바뀌는 것 같다."²³ 어떤 대상도 리비도로 점유할 수 없게 되면 두려움이 생겨난다. 그 결과 세상은 공허하고 무의미해진다. 대상과의 결속이 사라짐에 따라 자아는 자기 자신에게로 되던져진다. 자아는 자신과 충돌하여 파괴된다. 우울증은 자아 리비도의 나르시시즘적 누적으로 인해 생겨난다.

프로이트Sigmund Freud는 자신의 리비도 이론을 생물학에까지 적용한다. 오로지 나르시시즘적으로만 행동하는 세포들, 에로스가 빠져 있는 세포들은 유기체의 생존을 위협한다. 세포들이 살아남기 위해서는 이타적으로 행동하거나 심지어 다른 세포들을 위해 자신을 희생하는 세포들이 반드시 필요하다. "유기체를 파괴하는, 새로 형성된 악성 세포들도 같은 의미에서 나르시시즘적이라고 부를 수 있겠다. 따라서 우리 성욕의 리비도는 시인들과 철학자들의 에로스와 일치할 것이다. 이 리비도는 모든 생명체들을 결속시킨다."²⁴ 에로스만이 유기체에 활기를 부여한다. 이는 사회의 경우에도 마찬가지다. 과도한 나르시시즘은 사회를 불안정하게 만든다.

자기상해, 이른바 생채기Ritzen의 근원인 자존감의 결핍은 우리 사회의 일반적인 충족의 위기를 보여준다. 자존감은 나 스스로 만들어낼 수 없다. 이를 위해서 나는 나를 사랑하고, 칭찬하고, 인정하고, 높이 평가해주는 타자를, 충족을 제공해주는 기관으로서의 타자를 필요로 한다. 인간의 나르시시즘적 고립화, 타자의 도구화, 전면적인 경쟁은 충족이 생겨날 수 있는 환경을 파괴한다. 나를 확인해주고 인정해주는 시선이 사라지고 있다. 안정된 자존감을 갖기 위해 나는 내가 타인들에게 중요한 사람이며, 타인들이 나를 사랑한다는 표상을 필요로 한다. 이런 표상은 불명료할지라도 내가 중요한 존재라는 느낌을 갖기 위해서는 반드시 필요하다. 다름 아닌 존재감의 결여가 자기상해의 원인이다. 생채기는 자신의 부족함에 대한, 오늘날의 성과 사회, 최적화사회에 전형적인 자기처벌의 의식일 뿐만 아니라, 사랑을 갈구하는 비명이기도 하다.

공허감은 우울증과 경계선 성격장애의 기본적인 증상이다. 경계선 성격장애를 지닌 사람은 흔히 자신을 느끼지 못한다. 자신에게 생채기를 낼 때만 무언가를 느낀다. 우울증을 지닌 성과주체는 자기 자신에게 무겁게 짓눌린다. 자신에게 지쳐 있다. 이런 주체는 자신으로부터 벗어날 능력을 모두 상실한 채 자기 안에서 자신을 물고 늘어지는데, 이는 역설적이게도 자아를 비우고 공허하게 만든다. 이 주체는 자신에게 붙잡혀 자기 안에 틀어박힌 채, 타인에 대한 모든 관계를 상실한다. 그런데 나는 타인이 나를 만질 때야 비로소 이 만짐을 거쳐 나를 만지고, 나를 느낀다. 타인은 안정된 자아를 형성하는 데 반드시 필요하다.

모든 부정성의 제거가 오늘날 사회의 특징이다. 소통 또한 매끄러워져서 서로 만족감을 교환하는 행위가 된다. 슬픔처럼 부정적인 감정에는 어떤 언어도, 어떤 표현도 제공되지 않는다. 타인으로 인한 상처의 모든 형태가 회피된다. 그러나 이는 자기상해로 부활한다. 타자의 부정성을 추방하면 자기파괴의 과정이 초래된다는 일반적인 논리의 정당성이 여기서도 확인된다.

알랭 에랭베르Alain Ehrenberg에 따르면 우울증이 증가하는 것은 사람들이 갈등 관계를 상실하고 있기 때문이다. 성과와 최적화를 중시하는 오늘날의 문화는 갈등을 처리하는 작업을 허용하지 않는다. 시간이 많이 소요되기 때문이다. 오늘날의 성과주체는 오직 두 가지의 상태만을 알고 있다. 기능하기와 실패하기다. 이 점에서 성과주체는 기계와 비슷하다. 기계 또한 갈등을 알지 못한다. 기계는 오류 없이 기능하거나, 아니면 고장이 났다.

갈등은 파괴적이지 않다. 갈등에는 건설적인 측면이 있다. 갈등을 통해서야 비로소 안정된 관계와 정체성이 성립된다. 사람은 갈등을 처리하는 작업을 하는 가운데 성장하고 성숙한다. 생채기를 내는 행위는 많은 시간을 요구하는 갈등 처리 과정 없이, 누적된 파괴적 긴장을 신속하게 완화시켜준다는 점에서 유혹적이다. 생채기로 인한 화학 과정이 신속하게 긴장을 완화한다고 한다. 몸이 스스로 산출하는 마약이 뿌려진다는 것이다. 이 마약은 항우울제와 비슷한 방식으로 작동한다. 항우울제 또한 갈등 상태를 억압함으로써 우울한 성과주체가 신속하게 기능하도록 만든다.

셀카 중독도 자기애와는 별로 상관이 없다. 셀카 중독은 고립된 나르시시즘적 자아의 공회전일 뿐이다. 내면의 공허에 직면하여 사람들은 **자신을 생산하려고** 헛되이 노력한다. 그러나 공허만 재생산된다. 셀카는 공허한 형태의 자아다. 셀카 중독은 공허감을 강화한다. 자기애가 아니라 나르시시즘적인 자기관계가 셀카 중독을 낳는다. 셀카는 텅 빈, 불안한 자아의 매끄러운 표면이다. 고통스런 공허로부터 벗어나기 위해 사람들은 오늘날 면도날을 들거나 스마트폰을 쥔다. 셀카는 공허한 자아를 잠시 동안 은폐하는 매끄러운 표면이다. 그러나 셀카를 뒤집으면 피가 흐르는 상처들로 가득한 뒷면을 보게 된다. 셀카의 뒷면은 상처들이다.

자살테러는 자신을 느끼기 위한, 파괴된 자존감을 회복하기 위한, 무겁게 짓누르는 공허를 폭파하거나 명중시켜 없애기 위한 도착적인 시도인가? 그렇다면 마찬가지로 공허한 자아를 처리하려는 셀카와 자기상해의 심리도 테러의 심리와 비슷한 것인가? 테러리스트들은 공격성을 자신에게로 돌려 자해하는 청소년들과 똑같은 심리적 특성을 지니고 있는 것인가? 잘 알려져 있다시피 소녀들과는 달리 소년들의 공격성은 바깥으로, 타인들에게로 향한다. 그렇다면 자살테러는 자기공격과 타인공격, 자기생산과 자기파괴가 하나로 겹쳐진 역설적인 행위이자 더 높은 차원의 공격성일 것이다. 그러나 이 공격성은 또한 최후의 셀카로 상상되는 것이기도 하다. 폭탄을 폭발시키는 단추를 누르는 것은 카메라의 셔터를 누르는 것과 비슷하다. 테러리스트에게는 상상적인 것이 내재한다. 차별과 절망으로 구성된

현실은 더 이상 살 만한 가치가 없기 때문이다. 현실은 그들에게 어떤 충족도 허락하지 않는다. 그래서 그들은 충족을 제공해주는 상상의 기관으로서 신을 호명한다. 또한 그들은 행동이 끝나자마자 그들의 사진이 일종의 셀카처럼 대량으로 언론매체에서 유통될 것임을 확신한다. 테러리스트는 폭탄들이 매달린 허리띠를 차고 있는 나르시스다. 이 폭탄 허리띠가 그에게 특별한 진정성을 부여해준다. 카를 하인츠 보러Karl Heinz Bohrer는 그의 에세이 「진정성과 테러」에서 테러리즘이 진정성의 최종 행위라고 했는데, 이는 맞는 말이다.[25]

두려움

두려움은 병원학적으로 아주 다양한 원인을 갖는다. 주로 낯선 것, 섬뜩한 것, 정체를 알 수 없는 것이 두려움을 낳는다. 이런 두려움은 아주 다른 것의 부정성을 전제로 한다. 하이데거에 따르면 두려움은 존재자의 전적인 타자로서 경험되는 무 앞에서 생겨난다. 무의 부정성, 헤아릴 수 없음은 오늘날 우리에게 낯설다. 백화점이 된 세계가 존재자로 가득 차 있기 때문이다.

『존재와 시간』에서 두려움은 "공공성의 집" "공공적인 피해석성Ausgelegtheit"에서, 즉 익숙하고 일상적인 지각과 태도의 틀이 붕괴되어 "집 바깥"에 의해 밀려나는 곳에서 발생한다. 하이데거는 인간을 존재론적 의미에서 "현존재"라고 부르는데, 두려움은 이 현존재를 평상시의 익숙한 "일상성," 사회적인 동형성으로부터 떼어낸다.[26] 두려움에 휩싸인 현존재는 섬뜩한 것에 직면한다.

"세인das Man, 世人"은 사회적인 동형성을 체현한다. 세인은 우리가 어떻게 살고, 행동하고, 지각하고, 생각하고, 판단해야 하는지를 정한다. "우리는 세인이 향유하는 대로 향유하고 즐긴다. 우리는 문학과 예술에 대해 세인이 보고 판단하는 대로 읽고, 보고, 판단한다. 〔……〕 우리는 세인이 쾌씸하게 생각하는 것을 '쾌씸하다'라고 생각한다."[27] "세인"의 독재는 현존재를 가장 고유한 존재 가능성으로부터, 고유성으로부터 소외시킨다. "이 안정화된, 모든 것을 '이해하는,' 모든 것에 대한 자기-같게 하기 속에서 현존재는 소외로 빠져든다. 이 소외 속에서 현존재에게는 가장 고유한 존재 가능성이 은폐된다."[28] 익숙한 이해 지평의 붕괴는 두려움을 낳는다. 두려움 속에서 비로소 현존재에게 가장 고유한 존재 가능성의 길이 열린다.

지금은 "세인"의 특징인, "모든 타인이 다른 타인과 같은" 획일성Uniformität이 지배하지 않는다. 획일성은 생각들과 선택지의 **잡다함**에 밀려난다. 잡다함은 체제 순응적인 차이들만 허락한다. 잡다함은 소비할 수 있게 만든 다름이다. 이 잡다함은 획일성보다 더 효과적으로 같은 것을 지속시킨다. 가상적이고 피상적인 다양성으로 인해 우리는 같은 것의 체계적인 폭력을 인식하지 못하기 때문이다. 다양성과 선택 가능성은 실제로는 없는 다름이 있는 것처럼 느끼도록 한다.

하이데거가 말하는 "고유성Eigentlichkeit"은 진정성과는 아주 다른 것이다. 심지어 진정성과 대립하기까지 한다. 『존재와 시간』의 용어에 따르면 오늘날의 진정성은 "비고유성"의 한 형태다. 고유성은 일상성의 붕괴를 전제로 한다. 안정화하는 세인의 세계로부터 떨어져 나온 현존재는 집 바깥의 섬뜩함에 직면한다. 이에 반해 다름의 진정성은 일상성의 질서 속에서 발생한다. 진정한 자신은 **자신의 상품 형태**다. 그는 소비를 통해 자신을 실현한다.

하이데거가 말하는 두려움은 죽음과 밀접한 관계가 있다. 죽음은 단지 존재의 종말을 의미하는 것이 아니다. 죽음은 "존재하기의 한 가지 방식,"**29** 즉 자신으로 존재하기의 탁월한 가능성이다. 죽기는 "'내가 존재한다,' 즉 내가 나의 가장 고유한 자아로서 존재하게 된다"[30]는 것을 말한다. 고유한 자기존재를 향한 "과묵한, 두려움을 불사하는 결단성"이 죽음 앞에서 깨어난다. 죽음은 나의 죽음이다.

하이데거 사상의 급진적인 단절을 말하는 이른바 전회 이후에도 죽음은 여전히 삶의 종말만을 의미하지 않는다. 그러나 죽음은 더 이상 자기das Selbst를 강조하지 않는다. 이제 죽음은 심연과 비밀의 부정성을 의미한다. "현존재의 헤아릴 수 없는 광활함을 처리하기 위해 죽음을 현존재로 끌어들이는 것"[31]이 중요하다. 후기 하이데거는 죽음을 "무를 담아놓은 함"이라고도 부른다. 죽음은 "모든 측면에서 결코 단순한 존재자는 아니지만, 그럼에도 불구하고 있는 것, 심지어 존재 자체의 비밀로서 있는 것이다."[32] 죽음은 비밀과 심연과 전적인 타자의 부정성을 존재자에게 새겨 넣는다.

삶으로부터 모든 부정성을 추방하고자 애쓰는 오늘날에는 죽음 또한 침묵한다. 죽음은 더 이상 말하지 않는다. 죽음은 모든 언어를 잃는다. 죽음은 더 이상 "존재하기의 한 가지 방식"이 아니라, 모든 수단을 동원하여 뒤로 미루어야 할, 삶의 종말에 지나지 않는다. 죽음은 그저 탈생산,

즉 생산의 끝을 의미할 뿐이다. 오늘날 생산은 유일한 삶의 형태로 전체화되었다. 건강 히스테리는 궁극적으로 생산의 히스테리다. 그러나 건강 히스테리는 진정한 활력을 파괴한다. 건강한 것의 창궐은 비만한 몸의 창궐처럼 외설적이다. 그것은 병이다. 그것에는 병적인 것이 내재한다. 삶을 위해 죽음을 부정하면, 삶 자체가 파괴적인 것으로 바뀐다. 삶은 자기파괴적으로 된다. 여기서도 폭력의 변증법이 확인된다.

활력을 부여해주는 것은 바로 부정성이다. 부정성은 정신의 삶에 영양을 공급해준다. 정신은 절대적인 분열 속에서 자신을 발견할 때 비로소 자신의 진실을 획득한다. 균열과 고통의 부정성만이 정신을 생생하게 유지해준다. 정신은 "부정적인 것을 외면하는 긍정적인 것"으로서의 "힘"이 아니다. 정신은 "부정적인 것을 똑바로 쳐다보고, 부정적인 것의 곁에 머무를 때만 이 힘"[33]이 될 수 있다. 오늘날 우리는 부정적인 것 곁에 머무르는 대신 그것을 피하려고 안간힘을 쓴다. 그러나 긍정적인 것을 고수하면 같은 것만 재생산된다. 부정성의 지옥만 있는 것이 아니라 긍정성의 지옥도 있다. 부정적인 것뿐만 아니라 긍정적인 것도 테러를 낳는다.

익숙한 세계의 붕괴가 일으키는 두려움은 **깊은 두려움**이다. 이 두려움은 깊은 권태와 비슷하다. 얕은 권태는 불안하게 "바깥을 향해 안달한다."[34] 깊은 권태에 빠질 때는 현존재가 모조리 우리로부터 분리된다. 그러나 하이데거에 따르면 이 "불능Versagen" 속에는 현존재에게 "여기 이곳에서 행동할 것"을 결단하라고 호소하는 "통지"와 "호출"이 들어 있다.

깊은 권태는 지금은 나는 **권태를 느낀다**는 상태 속에 방치되고 있지만 현존재를 움켜잡을 수도 있는 저 행동의 가능성을 열어준다.[35] 깊은 권태는 가장 고유한 존재 가능성을 움켜잡으라고, 다시 말해 행동하라고 현존재에게 요구한다. 깊은 권태에는 **요구하는** 성질이 있다. 그것은 말한다. 그것은 목소리가 있다. 과잉활동에 수반되는 오늘날의 권태에는 언어가 없다. 이 권태는 침묵한다. 그리고 이 권태는 이후의 활동을 통해 제거된다. 그러나 활동한다고 해서 이미 **행동하는** 것은 아니다.

후기 하이데거는 두려움이 존재론적 차이, 즉 존재와 존재자 사이의 차이에서 비롯된다고 말한다. "아직 미답의 공간"에 들어서려면 사유는 헤아릴 수 없는 존재자 없는 존재를 견뎌내야 한다. 일정한 측면에서 존재는 존재자에 선행하고, 각각의 존재자를 특정한 **목소리를 지닌**be-stimmt 빛 속에서 나타나게 한다. 사유는 "심연"을 "사랑한다." 사유에는 "근본적인 두려움을 향한 명료한 용기"[36]가 내재한다. 이 두려움이 없으면 같은 것이 계속된다. 사유는 "심연의 끔찍함 속에서 소리를 질러대는""무음의 목소리"[37]에 자신을 노출시킨다. 경악은 사유를 존재자에 **사로잡힘**으로부터, 나아가 같은 것에 **사로잡힘**으로부터 해방시킨다. 경악은 "익숙한 것에 대한 존재자의 근본적인 다름을 폭로하는 고통"[38]과 비슷하다.

오늘날은 존재론적 **무차별성**이 지배하고 있다. 사유도 삶도 자신의 내재성의 차원을 스스로 보지 못하게 하고 있다. 이 차원의 접촉이 없으면 같은 것이 영구히 계속된다. 하이데거가 말하는 "존재"는 이 내재성의 차원을 가리킨다. 이는 사유가 새롭게 착수하는 존재의 차원이다. 이 차원과 접촉해야 비로소 전적으로 다른 무언가가 시작될 수 있다. 들뢰즈Gilles Deleuze도 뜻을 같이하여 이렇게 말한다. "문자 그대로, 그들은 바보 노릇을 합니다. 바보 노릇하기. 바보 노릇하기는 언제나 철학의 기능이었습니다."[39] "바보 노릇하기"는 지배적인 것, 같은 것과의 단절을 실행한다. 그것은 저 순결한 내재성의 차원을 열고, 사유가 진리와 사건을 받아들일 수 있게 한다. 사건은 현실에 대한 새로운 관계를 열어놓는다. 그럴 때, 모든 것이 아주 새로운 빛 속에서 나타난다. 두려움을 통과할 때만 우리는 존재의 내재성의 차원에 도달할 수 있다. 이 과정을 통해 사유는 갑갑한 세계 내적인 존재자로부터, 같은 것에 사로잡힌 상태로부터 벗어난다. 하이데거는 이런 상태를 "존재망각"이라고 부른다. 존재의 저 내재성의 차원은 순결하며, 아직 이름이 없다. "다시 한 번 존재와 가까워지려면, 인간은 그 이전에 이름 없는 것 속에서 실존하는 법부터 배워야 한다."[40]

오늘날의 두려움은 병원학적으로 아주 다른 원인을 갖는다. 이 두려움은 일상적인 동형성의 붕괴나 헤아릴 수 없는 존재로 인한 것이 아니다. 오히려 그것은 일상적인 동의 안에서 생겨난다. 그것은 일상적인 두려움이다. 그것의 주체는 "세인"이다. "자아는 타자를 기준으로 삼고, 더 이상 보조를 맞출 수 없다고 생각할 때 중심을 잃고 휘청거리게 된다. 〔……〕 타인들이 나를 어떻게 생각하는지, 그들이 무엇을 생각하는지, 내가 그들을 어떻게 생각하는지에 대한 표상이 이렇게 사회적 두려움의 원인이 된다. 개인들에게 부담을 주고 개인들을 망가뜨리는 것은 객관적인 상황이 아니라 주요한 타인들과 비교할 때 내가 뒤진다는 느낌이다."[41]

하이데거가 말하는, 가장 고유한 존재 가능성과 고유한 자기존재를 택할 결단을 내린 현존재는 외부가 아니라 내부를 지향한다. 이 현존재는 내부에 중심을 지니고 있으며, 가장 고유한 존재 가능성을 강하게 지향하는 자이로컴퍼스와 유사하다. 이 점에서 이 현존재는 바깥을 지향하면서 자신을 잃어버리는, 분산된 레이더 인간과 대립한다.[42] 내부 지향은 타인과의 영구적인 비교를 필요 없게 만든다. 이에 반해 외부 지향적인 인간은 이런 비교를 강요받는다.

오늘날 수많은 사람들이 실패와 좌절과 배척에 대한 두려움, 실수를 하거나 잘못된 결정을 할지 모른다는 두려움, 자신의 기준을 충족시키지 못하리라는 두려움 등 여러 막연한 두려움에 고통받고 있다. 이 두려움은 타인들과의 지속적인 비교로 인해 강화된다. 이 두려움은 전적인 타자, 섬뜩한 것, 무 앞에서 느끼게 되는 수직적인 두려움과 반대로 수평적인 두려움이다.

오늘날 우리는 생산성을 제고하기 위해 시간의 안정적인 구조를 철거하고, 삶의 시간을 파편화하고, 연결과 결속을 허무는 신자유주의 시스템 속에서 살고 있다. 이 신자유주의적인 시간 정책은 두려움과 불안을 낳는다. 그리고 신자유주의는 인간을 홀로 고립된 자기 자신의 경영자들로 개별화한다. 탈연대화와 전면적인 경쟁이 초래하는 개별화는 두려움을 낳는다. 신자유주의의 기만적인 논리는 이렇게 주장한다. 두려움이 생산성을 높인다.

문턱

두려움은 문턱에서도 깨어난다. 두려움은 문턱에서 생기는 전형적인 느낌이다. 문턱은 미지의 것으로 넘어가는 이행의 장소다. 문턱 너머에서는 전적으로 다른 존재 상태가 시작된다. 그래서 문턱에는 항상 죽음이 새겨져 있다. 모든 이행의 의식들, 이른바 **통과의례**rites de passage에서 우리는 한 번 죽고, 문턱의 저편에서 다시 태어난다. 여기서 죽음은 이행으로 경험된다. 문턱을 넘어가는 사람은 자신을 변신에 내맡긴다. 변신의 장소로서 문턱은 **고통을 준다.** 문턱에는 고통의 부정성이 내재한다. "문턱의 고통을 느낀다면, 너는 관광객이 아니다. 네게는 이행이 일어날 수 있다."**43** 오늘날 문턱이 많은 **이행**Übergang은 문턱이 없는 **통로** Durchgang에 밀려난다. 인터넷 속에서 우리는 과거 어느 때보다 더 관광객이다. 우리는 더 이상 문턱에 거주하는 **호모 돌로리스**homo doloris(슬픔의 인간)가 아니다. 관광객은 변신과 고통을 수반하는 경험을 하지 않는다. 그래서 그들은 같은 상태에 머무른다. 그들은 같은 것의 지옥을 여행한다.

문턱은 경악하게 하거나 두려움을 줄 수도 있지만 우리를 행복하게 하거나 매료시킬 수도 있다. 문턱은 **타자**에 대한 **환상**을 자극한다. 자본과 소통과 정보의 세계적인 순환을 가속화해야 한다는 강제는 문턱을 철거하고, 그 대신 극단적으로 가속화된 내부 회전을 하는, 문턱이 없고 매끄러운 공간을 만들어낸다. 여기서 타자의 부정성과 완전히 분리된 새로운 두려움이 생겨난다.

새로운 생산 형태로서의 디지털 소통은 자신을 가속화하기 위해 모든 거리를 철저히 제거한다. 이로 인해 우리를 보호해주는 모든 거리가 사라진다. 과잉소통 속에서 모든 것이 모든 것과 뒤섞인다. 내부와 외부 사이의 경계도 갈수록 통과하기 쉬워진다. 오늘날 우리는 "모든 네트워크가 비추는 광선들"에 노출된 "순수한 표면"**44**으로 완전히 외화

外化된다.

투명성의 강제는 모든 시각적 빈틈과 정보의 빈틈을 제거하고, 모든 것을 전면적인 가시성에 내놓는다. 그리고 후퇴와 보호의 공간들을 모조리 제거한다. 그 결과, 모든 것들이 우리에게 위협적일 만큼 가깝게 다가온다. 우리를 차단해주는 것은 아무것도 없다. 이제는 우리 자신이 세계적인 네트워크 안에 있는 통로에 지나지 않는다. 투명성과 과잉소통은 우리를 보호해주는 모든 내면성을 앗아간다. 실로 우리는 이 내면성을 자발적으로 양도하고 우리 자신을 디지털 네트워크에 내던진다. 그리고 이 네트워크는 우리를 관통하고, 투광透光하고, 우리에게 구멍을 숭숭 뚫어놓는다. 디지털 과잉조명과 노출은 타자의 부정성이 아니라 긍정성의 과도함으로 인한 잠재적인 두려움을 낳는다. 같은 것의 투명한 지옥은 두려움에서 벗어나지 못한다. 계속 강화되어가는 같은 것의 소음은 두려움을 안겨주기 때문이다.

소외*

알베르 카뮈Albert Camus의 소설 『이방인』은 낯섦을 존재
와 실존의 근본적인 감정으로 서술한다. 인간은 세계에 대
해 이방인이며, 인간들 사이에서 이방인이며, 나아가 자기
자신에 대해서도 이방인이다. 이 소설의 주인공 뫼르소는
언어 창살에 의해 타인들로부터 격리되어 있다. 낯섦은 말
없음으로 나타난다. 각자는 언어 창살로 타인들로부터 격
리된 감방에 갇혀 있다. 이 낯섦은 오늘날의 과잉소통 시
대에도, 안락함의 지대 혹은 백화점으로서의 세계에도 속

---

* 독일어의 소외Entfremdung, 이방인der Fremde, 낯섦die Fremdheit은 모
두 '낯설다'는 뜻의 형용사 fremd에서 파생된 말이다.

하지 않는다.

파울 첼란Paul Celan의 시「언어 창살Sprachgitter」도 낯섦의 경험을 다룬다.

(내가 너와 같다면. 네가 나와 같다면.

우리가 같은 무역풍 아래에

서 있지 않았던가?

우리는 이방인들.)

타일들. 그 위에,

서로 바짝 붙어 있는, 두 개의

회색 심장의 웃음들:

두 개의

입안 가득한 침묵들.[45]

오늘날 우리는 경계 없는 소통에 우리를 내맡긴다. 디지털 과잉소통에 우리는 거의 정신이 팔려 있다. 그러나 소통의 소음은 우리를 덜 고독하게 해주지 않는다. 어쩌면 이 소음이 우리를 언어 창살보다 더 고독하게 하는지도 모른다. 언어 창살 저편에는 그래도 너가 있으니 말이다. 언어 창살은 아직 **넎의 가까움**을 간직하고 있다. 이에 반해 과잉소통은 너뿐만 아니라 **가까움**도 파괴한다. 관계가 **연결**로 대체된다. 간격 없음이 가까움을 몰아낸다. 두 개의 입안 **가득한 침묵들**은 과잉소통보다 더 많은 가까움, 더 많은 언어를 내포하고 있을 수도 있다. 침묵은 언어지만, 과잉소통은 그렇지 않다.

오늘날 우리는 이방인의 부정성이 제거된 안락함의 지대에서 산다. **좋아요**가 이곳의 구호다. 디지털 화면은 점점 더 우리를 낯선 것, 섬뜩한 것의 부정성으로부터 차단한다. 오늘날 낯섦은 정보와 자본의 순환을 가속화하는 데 장애가 되므로 달갑지 않게 여겨진다. 가속화 강제는 모든 것을 같은 것으로 획일화한다. 과잉소통의 **투명한** 공간은 비밀도, 낯섦도, 수수께끼도 없는 공간이다.

소외로서의 타자도 사라지고 있다. 오늘날의 노동관계는 소외에 대한 마르크스주의 이론으로는 서술할 수 없다. 노동으로부터의 소외란 노동자가 자기 노동의 생산물을 낯선 객체로 대하게 된다는 것을 말한다. 노동자는 자신의 생산물에서도, 자신의 행위에서도 자신을 인식하지 못한다. 노동자는 더 많은 재화를 생산할수록 더 빈곤해진다. 그는 자신의 생산물을 박탈당한다. 노동자의 행위는 그의 탈현실화를 초래한다. "노동의 실현은 노동자가 아사餓死에 이르도록 탈현실화될 만큼 지극한 탈현실화로 나타난다."[46] 노동자가 자신을 소모할수록, 그만큼 더 그는 착취하는 타자의 지배를 받게 된다. 마르크스Karl Marx는 소외와 탈현실화로 이끄는 이 지배관계를 종교와 비교한다. "인간이 신에게 더 많은 것을 부여할수록, 인간 안에 남아 있는 것은 줄어든다. 노동자는 자신의 삶을 대상 속에 투여한다. 그러나 이제 그의 삶은 더 이상 그 자신이 아니라 대상의 것이 된다. 그러므로 이 활동이 커질수록 노동자는 더 대상을 상실한다. 그의 노동의 생산물은 그가 아닌 것이다. 그러므로 이 생산물이 커질수록 노동자 자신은 더 작아진다."[47] 노동관계 속의 소외로 인해 노동자는 자신을 실현할 수 없다. 그의 노동은 지속적인 자기 탈현실화다.

오늘날 우리는 탈마르크스주의 시대에 살고 있다. 신자유주의의 지배하에서 착취는 더 이상 소외나 자기 탈현실화가 아니라 자유와 자기실현, 자기최적화로 진행된다. 여기에는 나에게 노동을 강요하고, 나를 나 자신으로부터 소외시키는 착취자로서의 타인이 없다. 오히려 나는 나를 실현한다는 믿음 속에서 자발적으로 나 스스로를 착취한다. 이것이 신자유주의의 비열한 논리다. 소진Burn-out에 대한 열광의 첫번째 단계가 그러하다. 나는 열광적으로 노동 속으로 뛰어들어 결국 쓰러진다. 나는 죽음에 이르도록 나를 실현한다. 나는 죽음에 이르도록 나를 최적화한다. 신자유주의의 지배는 망상적인 자유 뒤에 숨어 있다. 지배는 자유와 일치하는 순간, 완성된다. 이 체감상의 자유는 모든 저항, 모든 혁명을 불가능하게 한다는 점에서 치명적이다. 무엇에 맞서서 저항해야 한다는 말인가? 억압을 행사하는 타인이 더 이상 존재하지 않는데 말이다. "내가 원하는 것으로부터 나를 보호하라"라는 제니 홀저의 유명한 말이 이러한 패러다임의 전환을 정확하게 표현하고 있다.

오늘날에는 새로운 형태의 소외가 생기고 있다. 그것은 더 이상 세계나 노동으로부터의 소외가 아니라, 파괴적인 자기소외, 즉 **자신으로부터의 소외**다. 이 자기소외는 다름 아닌 자기최적화 및 자기실현과 더불어 생겨난다. 성과주체가 자신을, 예컨대 자신의 몸을 최적화해야 할 기능적 객체로 지각하는 순간, 이 주체는 자신으로부터 서서히 소외

된다. 부정성이 없기 때문에 이 자기소외는 의식되지도 않은 채 진행된다. 자기착취뿐만 아니라 신체도식*의 장애로 나타나는 자기소외도 자기파괴적으로 작용한다. 거식증, 폭식증, 대식증 등은 심각해져가는 자기소외의 증상들이다. 결국 우리는 자신의 몸을 더 이상 감지할 수 없게 된다.

* 실제 자신의 몸과 그에 대한 표상 사이의 신경생리학적 상관관계.

반체反體

"객체Objekt"라는 말은 내던지다, 앞에 두다, 앞에 던지다와 같은 뜻을 지닌 라틴어 동사 오비케레obicere에서 유래한다. 객체는 무엇보다도 반대다. 나에게 대립하는 것, 나를 향해 던져지고 내게 맞서는 것, 나를 거역하는 것, 내게 반대하고 저항하는 것이다. 이것이 객체의 부정성이다. 이의 혹은 반론을 뜻하기도 하는 프랑스어 오브젝시옹objection에는 객체의 이런 의미 차원이 남아 있다.

현존하는 것을 오비케레로 경험하는 것은 아마도 그것을 대상으로 표상하는 것보다 더 근원적일 것이다. 표상하는 주체는 표상할 때 표상되는 대상을 장악한다. 이 주체는 대상을 자신에게로 **끌어당긴다**. 이때 대상은 대립자로서의 부정성을 상당히 잃어버린다. 소비 대상으로서의 상품에는 **오비케레**의 부정성이 완전히 **빠져** 있다. 그것은 상품으로서 내게 아무것도 내던지지 않고, 나를 비난하지도 않으며, 내게 맞서지도 않는다. 오히려 그것은 내게 다정히 밀착하고, 내 마음에 들고, 내가 **좋아요**라고 말하도록 만들고자 한다. 오늘날의 지각에는 반대와 대립이 빠져 있다.

세상은 갈수록 반대의 부정성을 잃어간다. 디지털 매체가 이런 변화를 가속화시킨다. 디지털 질서는 땅의 질서, 지구의 질서에 대립한다. 하이데거의 후기 철학은 땅의 질서를 중시한다. 그는 거듭하여 "산의 무게와 고석古石의 단단함"[48]을 강조한다. "젊은 농부"의 "묵직한 뿔썰매"*와 "폭풍에 맞서는 높이 솟은 전나무의 저항" "가파르게 치솟은 산비탈"을 거론하기도 한다. 무거움과 반대가 땅의 질서를 지배한다. 이에 반해 디지털적인 것에는 우리를 짓누르는 무거움이 없다. 디지털적인 것은 반항적이고 완강하고 거역하는 상대로 등장하지 않는다.

* 활대의 앞부분이 뿔처럼 돌출된 썰매.

오늘날에는 영상 또한 갈수록 상대로서의 성질을 잃어가고 있다. 디지털 영상에는 어떤 마술도, 마력도, 유혹도 없다. 그것은 더 이상 **고유한 삶**과 **고유한 힘**을 가진, 관찰자를 혼란과 마법과 경이와 도취에 빠트리는 **반상**反像이 아니다. **좋아요**는 지각의 절대적인 소멸 단계다.

하이데거에게 사물이란 우리를 사물화하는be-dingt 어떤 것이다. 이 **사물화됨**Bedingtheit은 더 이상 오늘날의 존재 감정이 아니다. 한트케Peter Handker도 세상이 점점 탈사물화, 탈신체화되는 것을 단호하게 비판한다. 도나우 강, 사바 강, 모라바 강, 드리나 강으로 떠난 그의 겨울여행은 **사물의 구원**에 초점을 맞추고 있다. 한트케는 세르비아의 묵직한 가게 문을 본래의 사물을 가리키는 암호로 치켜세운다. 그 문은 자신의 무게를 우리를 향해 던진다. 그것은 객체이며 오비케레다. 사물의 묵직함이 세상의 무게를 만들어낸다. 이 묵직함은 **반체**Gegenkörper다. "아주 오래된 철제 손잡이를 누르는 것" "가게 문을 거의 고생스럽게 밀쳐야 하는 것"은 한트케로 하여금 행복감까지 느끼게 한다. "세월과 소재의 무게로 인한 사물의 가벼운 저항 속에서, 들어서는 자의 몸이 이 사물과 일으키는 마찰 속에서 독립적인 반체가 모습을 드러낸다. 〔……〕 세르비아 가게의 문은 문자 그대로 대립하여 서 있는 자Gegen-stand다. 〔……〕 물체들 사이의 순간적이고 집중적인 소통의 일부, 나아가 자기 안에 존립의 근거를 갖는, 공간적이고 구체적인 사건의 주체다. 〔……〕 가장 소박한 사물들의 이 가벼운 저항, 감지할 수 있는 고유한 힘이 이 문을 재현 가능성에서 벗어나게 하고, 익숙한 지각으로 대상을 차지함으로써 대상을 사라지게 하는 것으로부터 이 문을 구해낸다."[49] 한트케는 시장으로 가서 반체로서의 사물들을 마음속에 그려낸다. 이 사물들은 모두 다 무겁고 견고하다. 그것들은 자기 안에서 고요히 존재한다. "숲처럼 어둡고 견고한 꿀단지, 칠면조처럼 커다란 스프용 닭, 특이한 노란색의 둥지 스파게티* 혹은 왕관 스파게티,** 때로는 맹수처럼 뾰족한 입을 가진, 때로는 동화에서나 나올 법한 비대한 민물고기들"[50]이 그런 사물들이다.

디지털 질서는 점점 더 세계를 탈물체화한다. 오늘날에는 물체들 사이의 소통이 갈수록 줄어든다. 디지털 질서는

* 면을 둥지 모양으로 말아 그 위에 소스를 얹은 스파게티.
** 소스 위에 면을 왕관 모양으로 쌓은 스파게티.

사물들로부터 그 물질적 묵직함과 질량, 고유한 무게, 고유한 삶, 고유한 시간을 빼앗고, 사물들을 언제든 마음대로 처리할 수 있는 것으로 만들며, 그럼으로써 반체 또한 제거한다. 디지털 객체는 더 이상 **오비케레**가 아니다. 그것은 우리를 짓누르지 않는다. 그것은 전혀 저항하지 않는다. 오늘날 반대의 소멸은 모든 차원에서 일어난다. '좋아요'는 오비케레에 대립한다. 이제는 모든 것이 '좋아요'를 요구한다. 반대의 전적인 부재는 이상적 상태가 아니다. 반대가 없으면 우리는 아무런 완충장치도 없이 우리 자신에게로 추락하기 때문이다. 반대의 부재는 자기침식을 낳는다.

오늘날 우리는 특정한 의미에서 상대 또한 상실하고 있다. 하이데거는 대상과 상대를 같은 것으로 보지 않았다. 그리스인들은 현존하는 것을 결코 대상으로 보지 않았을 것이며, 그것을 상대로 경험했을 것이다. 대상의 경우 반대는 그것을 표상하는 주체에 의해 구성된다. 그럼으로써 주체는 대상을 자기 것으로 만든다. 이에 반해 상대의 경우에는 반대가 "청취하는 인간, 보면서 듣는 인간을 덮치는 것, 결코 자신을 객체에 대한 주체로 간주하지 않는 인간을 엄습하는 것" 속에서 형성된다. 상대로서 현존하는 것은 "주체가 자신을 향해 객체로서 내던지는 것"이 아니라, "청취에 달려드는 것, 자신을 인간의 보기와 듣기를 덮치는 것으로서 드러내고 묘사하는 것"[51]이다. 이에 따르면 그리스인들은 신들의 엄습하는 현존에서 가장 섬뜩하고 가장 매혹적인 상대를 경험했던 것이다. 여기서는 **전적인 타자와의 만남**이 이루어진다. 그러므로 전적인 타자는 **시선과 음성**을 통해 자신을 드러내는 것이다.

시선

『두려움: 세미나 10』의 첫 부분에서 자크 라캉Jacques Lacan은 교훈적 우화인 「사마귀의 우화」를 제시한다. 라캉은 가면을 쓰고 있는데, 이 가면이 어떤 모양인지는 모른다. 이렇게 가면을 쓴 채 그는 사마귀를 마주 보고 서 있다. 그는 이 사마귀가 무엇을 보고 있는지, 사마귀가 가면을 보고 어떤 느낌을 받게 될지 전혀 모른다. 게다가 상대와의 언어 소통도 전혀 불가능하다. 그래서 그는 사마귀에게, 사마귀의 시선에 완전히 내맡겨져 있다. 사마귀가 성교 후에 수컷을 먹어 치운다는 사실로 인해 그것은 더 섬뜩하게 보인다. 어떤 예언도, 계산도 불가능하며 두려움을 느끼게 하는 전적인 타자는 시선으로 드러난다.

라캉은 사마귀에 대한 이 우화로 모리스 블랑쇼Maurice Blanchot의 소설 『토마 알 수 없는 자Thomas l'obscur』의 한 장면을 암시하는데, 여기서 열광적인 독서가로 묘사되는 주인공은 사마귀에게 먹히는 것처럼 단어에 잡아먹힌다. 독서는 주시注視됨을 의미한다. "그는 모든 기호 앞에서 사마귀에게 곧 잡아먹힐 수컷과 같은 상황에 빠졌다. 그도, 기호도 서로를 응시했다L'un et l'autre se regardaient. 〔……〕 이렇게 토마는 이 통로들로 미끄러져 다가갔고, 아무런 방어 장비도 없이 통로들에 접근하여 이윽고 단어의 내부 영역이 그를 바라보는 순간에 이르게 되었다. 아직 그것은 전혀 끔찍한 것이 아니었다. 오히려 거의 기분 좋은 순간이어서 그는 이 순간을 연장시킬 수 있다면 기꺼이 그렇게 하고 싶었다. 〔……〕 그는 자신을 바라보는 눈 속에서 자신을 보는 것이 즐거웠다."[52] 여기서 블랑쇼는 눈의 주권성을 포기하고 타자의 시선에 자신을 내맡기는 특이한 소외의 경험을 서술하고 있다.

영화 「달콤한 인생La Dolce Vita」의 마지막 장면에서는 먼동이 틀 무렵 파티에서 밤을 새운 사람들이 해변으로 나가 거대한 가오리가 바다에서 건져지는 것을 관찰한다. 카메라는 가오리의 크고 심원한 눈을 근접 촬영으로 보여준다. 주인공 마르첼로는 혼잣말로 중얼거린다. "저놈이 계속 노려보는군E questo insiste a guardare." 자크 라캉은 여러 번 이 장면을 파고들었다. 『정신분석의 윤리: 세미나 7』에서 그는 우리를 쳐다보는 가오리를 흉측한 "사물"로 서술한다. "날이 밝아올 때, 향락자들의 그룹이 떨리는 빛 속에서 곧 헤어질 것처럼 해변의 소나무 줄기들 사이에 가만히 서 있다가 갑자기 무엇을 목표로 삼는지도 알 수 없이 어떤 방향을 향해 나아가는 순간, 바로 이 순간 속에서 수많은 사람들이 내가 말한 저 유명한 **사물**을 발견했다. 그들은 이 순간을 좋아했다. 그 사물이란 그물에 갇혀 바다에서 건져지는 어떤 흉측한 것이었다.[53]

라캉이 말하는 "사물"은 영상으로부터, 재현으로부터 떨어져 나오는 얼룩, 오점이다. 사물은 "상징적인 것"을 구성하는, 정착된 행동과 지각의 코드 안에 생긴 단절과 균열을 의미한다. 사물은 모든 재현과 표상으로부터 벗어나는 "실재하는 것"에 속한다. 사물은 틀에서, 상징적 질서에서 벗어나 눈에 띄는 얼룩이자 세부細部다. 상징적 질서는 내가 나에게 이야기하는 서사다. 사물은 이 서술적이고 서사적인 구조를 벗어난다. 사물은 나를 쳐다보는 전적인 타자다. 그래서 사물은 두려움을 낳는다. "바로 그것이 극도로 우리를 쳐다보는 것, 우리에게 관여하는 것이며, a*의 명령을 받는 욕망의 장소에서 어떻게 보는 행위로부터 두려움이 생겨나는지를 밝혀준다."[54]

히치콕Alfred Hitchcock은 영화「뒤쪽 창문Rear Window」** 에서 시선의 눈에 대한 승리를 연출한다.[55] 다리를 다쳐 휠체어에 의존하는 사진작가 제프는 뒤쪽 창문을 통해 보이는 영상들을 즐겁게 향유한다. 그런데 오래지 않아 뒷마당 건너편의 섬뜩한 장면이 이 눈요기를 산산조각 내고 만다. 제프는 소어월드가 그의 아내를 살해했다고 의심한다. 그런데 갑자기 소어월드가 자신이 제프에 의해 관찰당하고 있음을 깨닫게 된다. 제프를 엄습하는 소어월드의 시선이 관음적인 눈의 주권성을 끝장낸다. 이 순간부터 현실은 더 이상 영상도, 눈요기도 아니다. 이제 제프는 타자의 시선에 온전히 내맡겨진다. 소어월드는 현실을 영상으로, 눈요

---

*　라캉이 말하는 대상 a는 결여된 타자로서 욕망의 원인이자 대상이다.

**　국내에는 '이창'이라는 제목으로 알려져 있다.

기로 바꾸는 것을 과업으로 삼는 사진작가에 대립하는 인물이다. 소어월드의 시선은 영상으로부터 벗어나 눈에 띄는 얼룩이다. 그의 시선은 타자의 **시선**을 체현한다. 이윽고 소어월드는 제프의 집으로 침입해 들어온다. 제프는 카메라 플래시를 터트려 그의 눈을 부시게 하려고 한다. 다시 말해 그의 시선을 파괴하고, 섬뜩한 것을 다시 영상 속으로 추방하려고 하는 것이다. 그러나 이 시도는 성공하지 못한다. 눈에 대한 시선의 승리는 소어월드가 제프를 이전에는 눈요기를 제공해주었던 창문 바깥으로 내던지는 순간 완성된다. 제프는 **영상으로부터 완전히** 벗어나 **추락한다**. 실재하는 것의 바닥으로 추락하는 것이다. 이 순간, **뒤쪽 창문**은 **실재하는 창문**Real Window으로 바뀐다.

사르트르Jean-Paul Sartre에게도 타자는 **시선**으로 나타난다. 사르트르는 시선을 인간의 눈에만 해당되는 것으로 제한하지 않는다. 주시된다는 것은 오히려 세계 내 존재의 핵심적인 측면이다. 세계는 **시선**이다. 나뭇가지의 바스락거리는 소리나 반쯤 열린 창문, 혹은 커튼의 가벼운 움직임도 시선으로 지각된다.[56] 오늘날 세계에는 시선이 거의 남아 있지 않다. 우리는 주시된다거나 어떤 시선에 내맡겨져 있다는 느낌을 거의 받지 않는다. 세계는 우리의 마음에 들고자 하는 눈요기로 나타난다. 디지털 화면도 시선과는 아무 상관이 없다. 윈도우Windows는 시선 없는 창문이다. 그것은 오히려 우리를 시선으로부터 차단한다.

도처에 시선이 숨어 있다고 생각하고 사방에서 자신을 주시한다고 느끼는 것은 편집증의 증상 중 하나다. 이 점에서 편집증은 우울증과 다르다. 편집증은 오늘날의 지배적인 병이 아니다. 이 병은 타자의 부정성과 결부되어 있다. 이에 반해 우울증에 걸린 사람은 타자를 경험할 수 없는, 시선 없는 공간 속에 산다.

라스 폰 트리에Lars Von Trier의 영화 「멜랑콜리아」에서 주인공 저스틴은 타자를 향한 욕망을 느끼게 되는 순간 우울증에서 벗어난다. 라스 폰 트리에는 밤하늘의 푸른 행성이 저스틴을 바라보는 타자의 시선처럼 나타나게 한다. 행성은 그녀의 에로틱한 욕망을 일깨운다. 타자의 시선은 그녀를 우울증에서 해방시켜주고, 그녀를 사랑하는 여인으로 변모시킨다.

오늘날 시선은 여러 층위에서 사라지고 있다. 지배도 시선 없이 이루어진다. 벤담Jeremy Bentham이 말한 판옵티콘은 시선의 지배에 기초한다. 판옵티콘에 갇힌 수감자들은 감시자의 시선에 완전히 노출되어 있다. 감시탑에 있는 감시자는 모든 것을 보지만, 그 자신은 보이지 않도록 구성되어 있다. "판옵티콘은 보기와 보이기라는 쌍을 분리시키기 위한 기계다. 감시탑을 둘러싼 원형 건물에 있는 수감자는 완전히 보이지만, 그 자신은 전혀 볼 수 없다. 중앙탑에 있는 사람은 모든 것을 보지만, 그 자신은 전혀 보이지 않는다."[57] 수감자들은 중앙탑의 실루엣만 볼 수 있을 뿐이다. 그들은 자신들이 지금 감시당하고 있는지 알 수 없다. 그래서 그들은 감시자가 없을 때에도 언제나 주시되고 있다고 느낀다. 시선의 지배는 중앙원근법적이다.

오웰George Orwell의 감시국가도 시선의 지배를 구축한다. 빅브라더는 텔레스크린에서 시선으로서 편재한다. 그는 모든 것을 보지만, 그 자신은 보이지 않는다. 억압은 시선으로 나타난다. "복도에서는 양배추 스프 냄새와 낡아빠진 양탄자 냄새가 났다. 복도 한쪽 끝에는 실내에 걸기에는 너무 큰 컬러 포스터가 핀으로 고정되어 있었다. 포스터는 폭이 1미터가 넘는 거대한 얼굴 하나만 보여주고 있었다. 대략 마흔댓 살쯤 되어 보이고 볼에 검은 수염이 잔뜩 난, 단단한 인상의 미남이었다. 〔……〕 승강기 맞은편의 층계참마다 거대한 얼굴의 포스터가 그를 응시했다. 그것은 사람의 움직임에 따라 시선을 옮기면서 뒤쫓는 것처럼 보이게 만든 사진이었다. 그 아래쪽에는 빅브라더가 너를 보고 있다라는 문구가 적혀 있었다."**58**

디지털 매체는 **시선 없는 매체**라는 점에서 시각적 매체와 구별된다. 사실은 **옵티콘**opticon*이라고 할 수도 없는 디지털 판옵티콘 또한 시선에, 중앙원근법적 광학에 의존하지 않는다. 바로 이 때문에 디지털 판옵티콘은 아날로그 판옵티콘보다 훨씬 많이, 나아가 훨씬 더 깊이 본다. 여기서 중앙과 주변의 구별은 아무 의미가 없다. 디지털 판옵티콘은 원근법 없이 작동한다. 원근법 없는 전면 조명은 원근법적 감시보다 훨씬 더 효율적이다. 우리를 모든 측면에서, 심지어 내부로부터도 샅샅이 비추기 때문이다. 시선은 생각을 파고들 수 없다. 그러나 디지털 판옵티콘에서는 생각도 빠져나가지 못한다. 빅데이터에는 시선이 전혀 없어도 아무 문제가 없다. 중앙원근법적인 감시와는 반대로 원근법

* '모든 것을 본다'는 의미의 판옵티콘panopticon에서 '모든 것'을 뜻하는 pan을 뺀 opticon은 '보는' 구성물을 의미한다.

없는 전면 조명에는 맹점이 전혀 없다.

억압적인 시선이 사라짐에 따라 기만적인 자유의 감정이 생겨난다. 이것이 훈육사회의 감시 전략과의 결정적 차이다. 디지털 판옵티콘의 수감자들은 누군가 자신을 **주시한**다고, 다시 말해 감시받고 있다고 느끼지 않는다. 그래서 그들은 자유롭다고 느끼며, 자발적으로 자신을 노출시킨다. 디지털 판옵티콘은 자유를 제한하는 것이 아니라, 자유를 착취한다.

음성

음성은 다른 곳으로부터, 바깥으로부터, 타자로부터 온다. 우리가 듣는 음성은 장소를 전혀 특정할 수 없다. 서양의 형이상학이 음성을 직접적 자기현존의, 직접적 현재의 장소로 선호했고, 음성이 의미와 로고스에 특별히 가깝다고 생각한 데리다Jacques Derrida의 유명한 음성중심주의 테제는 음성의 탈영토성을 전혀 보지 못한다. 시선과 마찬가지로 음성은 오히려 자기현존과 자기투명성을 파괴하고, 자기 안에 전적인 타자, 미지의 것, 섬뜩한 것을 써 넣는 매체다.

카프카Franz Kafka의 「법 앞에서」나 『성』은 부정성, 다가

갈 수 없는 것, 전혀 재현할 수 없는 전적인 타자의 비밀을 암시적으로 연출한다. 시골 사람은 죽을 때까지 법으로 가는 문 앞에서 기다리지만, 입장을 허락받지 못한다. 법은 그에게 닫혀 있다. 토지측량사 K도 성으로의 입장을 허락받지 못한다. 이 성이 처음에 음성으로 자신을 드러내는 것은 우연이 아니다. 성은 전적인 타자의 장소다. 마을에 도착한 후 K는 성으로 전화를 건다. 그러나 그가 전화기에서 듣게 되는 것은 이야기도 논의도 아닌, 전혀 이해할 수 없는 소리다. 섬뜩하고 알아들을 수 없고 노래하는 듯한 음성만이 멀리서 들릴 뿐이다. "수화기에서는 K가 평소에 전화할 때는 한 번도 들어보지 못한 웅웅거리는 소리가 들려왔다. 마치 수많은 아이들의 음성이 뒤섞여 나는 소리 같았다. 하지만 사실 이런 소리가 아니었고, 먼 곳, 아주 먼 곳의 음성이 만들어내는 노래였다. 이런 웅웅거리는 소리로부터 전혀 믿기 어려운 방식으로 단 하나의 높고 강력한 음성이 만들어져서 마치 가련한 청각보다 더 깊은 곳으로 파고들겠다는 듯 귓전을 때리는 것 같았다. K는 전화는 하지 않고 귀를 기울이기만 했다. 전화 받침대에 왼팔을 기대고 그렇게 귀를 기울이고 있었다."[59]

음성은 의식의 아래쪽에 있는 심층으로 파고든다. 시선 또한 동일한 강렬함을 행사하고, 심층적으로 작용한다. 주점의 여종업원인 비밀스런 프리다는 "특이한 우월감이 깃든 시선"을 갖고 있다. 이 시선은 의식적인 행위를 벗어나는 영역으로 파고든다. 그것은 나 안의 타자, 타자로서의 나와 소통한다. "이 시선이 K를 향하자, K는 그 자신은 아직 있는지조차 알지 못했지만 이 시선이 그런 것이 있다는 확신을 갖게 해주는, K 자신과 관련된 일들을 이 시선이 이미 처리해놓은 것처럼 느꼈다."[60]

음성 또한 자기현존을 파괴한다. 음성은 주체 안에 깊은 균열을 만들어내고, 이 균열을 통해 전적인 타자가 자아 안으로 침입한다. 카프카의 단편 「어떤 개의 연구 Forschungen eines Hundes」는 어떤 음성에 대해 이야기하는데, "이 음성의 숭고함 앞에서 숲이 침묵한다." 이 음성을 듣는 사람은 완전히 자신을 상실한다. "그리고 나는 실로 나를 잃어버렸다. 평소의 상황이었다면 나는 중병에 걸려 꼼짝도 못 하고 있었겠지만, 이제 그 개가 자신의 것으로 넘겨받은 것처럼 보이는 그 멜로디를 나는 견뎌낼 수 없었다."[61]

카프카는 음성을 타자의, 전적인 타자의 매체로 자주 등장시킨다. 약점, 형이상학적인 허약함, 근본적인 수동성이 비로소 타자의 음성을 들을 수 있게 해준다. 밀레나*에게 보낸 편지에서 카프카는 예언자들을 "음성이 자신들을 부르는 소리를 듣고" "뇌가 찢어지는 듯한 두려움"을 느낀 "허약한 아이들"에 비교했다.[62] 그들은 타자의 위력적인 음성 앞에서 허약하다. 음성의 에로틱함 또한 "심리적 주체"가 "자신을 견고하게 만드는 것"을 가로막는 데 있다. 음성은 주체를 허약하게 만든다. 주체는 자신을 잃어버린다. 음성은 "자기상실"로 이끈다.[63]

오늘날 우리는 더 이상 허약한 아이들이 아니다. 타자에 대한 수용성으로서의 순진한 허약함은 나르시시즘적 사회의 상황에 맞지 않다. 신자유주의적 생산관계에 의해 촉진되고 착취당하는 더 강해진 에고는 점점 더 타자로부터 단절된다. 타자의 음성은 창궐하는 에고에 튕겨 떨어진다. 자신에 대한 관계를 나르시시즘적으로 과도하게 조절함으로써 우리는 타자에 대해 눈과 귀가 완전히 닫힌다. 우리는

* Milena Jesenská(1896~1944): 1920년 즈음에 카프카의 애인이었다.

같은 것의 디지털 소음 속에서 더 이상 타자의 음성을 듣지 못한다. 그래서 우리는 음성과 시선에 감염되지 않는다.

카프카에게는 음성과 시선이 **몸의 기호**이기도 했다. 이 **몸 기호**가 없는 소통은 그저 유령들과의 교류일 뿐이다. "사람들은 어떻게 편지를 통해 서로 교제할 수 있을까요! 우리는 먼 곳에 있는 사람을 생각할 수 있고, 가까이 있는 사람을 만질 수 있지만, 그 밖의 일들은 인간의 힘을 벗어난 것입니다. 〔……〕 글로 쓴 키스는 목적지에 도달하지 못해요. 도중에 유령들이 모조리 마셔버립니다."[64] 디지털 소통 수단은 편지보다 훨씬 더 몸이 없다. 육필은 아직 몸의 기호다. 반면 모든 디지털 글들은 서로 똑같다. 디지털 매체들은 타자로서의 상대를 매끄럽게 다듬는다. 그것들은 먼 곳의 사람을 생각하고 가까운 곳의 사람을 만지는 능력을 실제로 빼앗아간다. 그것들은 가까움과 멂을 무간격으로 대체한다.

롤랑 바르트는 표상과 의미의 모든 형태의 재현을 거부하는 음성의 육체적 성질을 "음성의 거칢"이라고 부른다. 음성의 이 육체적 심층은 아무것도 의미하지 않지만, 육욕을 낳는다. "무언가가 있다. 듣지 않을 수 없고 고집스럽게

(우리는 오로지 그것만 듣는다), 단어들의 의미 저편(혹은 이편)에 있는 것이. 〔……〕 곧바로 가수의 몸인 어떤 것, 똑같은 동작 속에서 공동空洞과 근육, 점막, 연골의 심층으로부터 〔……〕 귀로 파고드는 것. 가수 몸속의 살과 그가 노래하는 음악 위로 하나의 동일한 피부가 펼쳐지듯이."[65]

바르트는 페노-노래pheno-song와 제노-노래geno-song를 구별한다. 제노-노래에서 중요한 것은 의미, 즉 기의가 아니라 "음성의 소리-기표의 육욕"이며, "음성의 거칢"은 이 제노-노래 안에 있다. 쾌감은 의미와는 별로 상관이 없다. 그것은 신체적으로 전달된다. 신체와 결부된 제노-노래는 에로틱하고 유혹적이다. 이에 반해 구조와 법칙, 소통, 묘사, 표현에 집중하는 페노-노래에는 유혹의 힘이 없다. "여기서는 몸이 아니라 영혼이 노래를 반주한다."[66] 페노-노래에서는 혀도, 점막도 들리지 않는다. 그것은 오로지 의미만을 강조한다. 이에 반해 제노-노래는 감각적인 것으로 하여금 소리를 내게 한다. 페노-노래에는 신체성, 감각성이 전혀 없다.

제노-노래에서는 자음을 "매끄럽게 다듬어야" 한다. 제노-노래에서 "우리는 자음이 언어의 뼈대를 형성한다고 기꺼이 추측한다. 〔……〕 그리고 의미를 충분히 분명하게 드러내기 위해 우리는 항상 자음을 '명료하게 발음하고,' 분리시키고, 강조하도록 지시한다."[67] 제노-노래에서 자음들은 "찬미할 만한 모음의 단순한 도약대"가 된다. 모음은 육욕을 지닌 몸속에 산다. 자음은 의미를 위해 작업한다. 그러나 언어의 "진리"는 그 "기능성(명료성, 표현성, 소통)"이 아니라 육욕과 유혹 안에 존재한다.

노발리스Novalis에게도 자음은 산문과 의미와 유용성을 의미했다. "자음화"는 억제되고 제한되고 가두어지는 것을 뜻한다. **자음화된 정신은 미지의 것과 비밀스러운 것과 수수께끼의 부정성을 알지 못한다.** 이에 반해 모음은 유혹적이고, 시적이고, 낭만적이다. 자음은 먼 곳을 배회하는 것을 허락하지 않는다. "먼 철학은 시처럼 들린다. 외침은 멀리 퍼질 때 모음이 되기 때문이다."[68] 오늘날 우리는 분명 **자음화된 시대**에 살고 있다. 디지털 소통은 자음화된 소통이다. 여기에는 비밀도, 수수께끼도, 시도 없다. 이 소통은 간격과 거리가 없는 상태를 위해 멂을 제거한다.

금지와 억압이 작용한 결과 생기는 심리 기제의 균열들이 음성을 만들어낸다. 『한 신경병자의 회상록』의 저자인

다니엘 파울 슈레버Daniel Paul Schreber도 자신이 음성에 쫓긴다고 생각한다. 이 음성은 전혀 다른 장소로부터 울려 퍼진다. 슈레버는 "다른 쪽으로부터 시작되는, 초감각적인 연원을 암시하는 음성들의 교류"에 대해 말한다. 쉴 새 없이 그에게 말을 건네는 음성들은 신의 것으로 간주된다. "신이 음성의 장광설과 기적을 통해 매일 매시 나에게 새로운 것을 계시한다는 것은 내게 의심할 여지가 없는 진리다."[69] 슈레버는 "적당한 기회가 오면 견디기 힘든 음성의 요설을 다른 소리로 뒤덮고, 그럼으로써 적어도 잠시나마 평온을 얻기 위해"[70] 심포니온 뮤직박스와 오르골 시계, 하모니카들을 사들인다. 음성은 망령이자 유령이다. 배제되고 억압된 것이 음성이 되어 귀환한다. 부정과 억압의 부정성은 음성이 생겨나는 데 필수적이다. 억압된 심리의 내용이 음성 속에서 되돌아온다. 억압과 부정의 부정성이 갈수록 허용과 긍정에 밀려나는 사회에서는 갈수록 음성을 듣기가 더 어려워질 것이다. 그 대신 같은 것의 소음이 더 커진다.

　음성은 더 높은 심급審級 혹은 초월성을 자주 대표한다. 음성은 위로부터, 전적인 타자로부터 울려 퍼진다. 도덕이 흔히 음성이라는 은유를 사용하는 것은 바로 이 때문이다.

나아가 음성에는 탈영토성이 깃들어 있다. 도덕적 계율의 음성은 내면 속의 바깥으로부터 온다. 소크라테스가 거듭하여 들었다고 하는, 도덕적 심급으로서 경고하는 음성이 이미 데몬, 즉 섬뜩한 타자로부터 온 것이다.

칸트의 이성 또한 명령하는 음성으로서 등장한다. 행복과 감각적 성향에 맞서 오로지 도덕 법칙에, "이성의 음성"에, "악한들조차 떨게 만드는" "천상의 음성"[71]에 전적으로 복종하는 것이 바로 인륜성이다. 하이데거는 이성의 음성 대신 "양심의 음성"[72]을 내세운다. 이 양심의 음성은 현존재에게 "가장 고유한 존재의 가능성"을 붙잡으라고 요구한다. 여기서도 음성에는 탈영토성이 깃들어 있다. 『존재와 시간』에서 하이데거는 아주 갑작스럽게 "모든 현존재가 자기 곁에 두고 있는" "친구의 음성"에 대해 말한다. 하이데거에 따르면 "친구의 음성을 듣는 것"은 "심지어 현존재를 그의 가장 고유한 존재 가능성을 향해 본질적이고 실제적으로 열어놓는다."[73] 그 음성은 왜 친구로부터 오는가? 하이데거는 왜 하필 음성에 대해 말하는 지점에서 친구를 호출하는가? 친구는 타자다. 여기서 하이데거는 음성에 일정한 초월성을 부여하기 위해 친구를 필요로 하는 것이다.

후기 하이데거는 음성을 사유 일반의 매체로 만든다. 사유는 어떤 음성에 자신을 내맡기고, 이 음성이 자신을 조율하고 규정be-stimmen하도록 한다. "이 청각은 귀하고만 연결되어 있는 것이 아니다. 청각은 또한 인간의 본질이 그것을 향해 올라가도록 조율된 어떤 것에 인간이 귀속되어 있다는 사실과도 연결되어 있다. 인간은 그 자신의 본질을 규정하는 것을 향해 조율되어 있다. 규정 속에서 인간은 하나의 음성에 직면하고, 이 음성의 부름을 받는다. 이 음성은 소리 내는 것들 사이를 고요히 관통할수록 더 순수한 소리를 낸다."[74] 음성은 바깥으로부터, 사유가 그것을 향해 자신을 열어놓는 전적인 타자로부터 울려 퍼진다. 음성과 시선은 존재 자신을 조율하고 규정하는 존재자의 타자로서 존재를 드러내주는 매체다. 그래서 하이데거는 "음성과 시선의 같음"[75]에 대해 말한 바 있다. 사유에는 타자를 향한 추구로서의 에로스가 필요하다. "너에 대한 사랑으로부터, 내 사유로부터 떼어낼 수 없는 타자에 대해 다른 방식으로 말하기는 어렵다. 나는 이것을 에로스, 즉 파르메니데스Parmenides의 말에 따르면 신들 가운데 가장 나이가 많은 신의 이름으로 부른다. 내가 사유 속에서 중요한 발걸음을 내딛고, 용감하게 미답의 영역을 향해 나아갈 때마다 이 신의 날갯짓이 나를 스친다."[76] 사유는 타자의 부정성에 자신을 내맡기고 미답의 영역으로 나아가야 한다. 그렇게 하지 않으면 사유는 같은 것을 지속시키는 긍정적 조작으로 전락한다.

파울 첼란도 타자로부터, 너로부터 오는 음성이 시에 반드시 필요하다고 여겼다. 시는 언어가 "목소리를 낼 때" 시작된다. 시는 타자와의 만남과 함께 시작된다. "그렇다면 시에 대해 생각할 때 우리는 시와 함께 그런 길들을 걷는가? 이 길들은 그저 우회로에, 너로부터 너에게로 가는 우회로에 지나지 않는 것인가? 그러나 무수히 많은 길들 가운데 이 길들은 언어에 음성을 부여해주는 길들이기도 하며, 만남들, 지각하는 너를 향해 한 음성이 나아가는 길들이기도 하다.[77]

무엇보다도 자기 자신이 말하는 것을 듣는 디지털 반향 공간으로부터 점점 더 타자의 음성이 사라지고 있다. 오늘날의 세계에서는 타자의 부재로 인해 음성이 줄어들었다. 너와는 달리 그것$_{Es}$*에는 음성이 없다. '그것'에서는 상대를 향한 말도, 시선도 생겨나지 않는다. 상대가 사라짐으로써 세계는 음성과 시선을 잃는다.

디지털 소통에는 시선과 음성이 매우 부족하다. 연결과 네트워크는 시선과 음성 없이 이루어진다. 이 점에서 연결과 네트워크는 음성과 시선을 필요로 하는 관계나 만남과 다르다. 실로 관계와 만남은 음성과 시선의 특별한 경험들이다. 그것들은 **몸의 경험들**이다.

디지털 매체는 탈육체화하는 작용을 한다. 디지털 매체는 음성으로부터 **거칢**을, 육체성을, 나아가 공동空洞과 근육, 점막, 연골의 심층을 **빼앗는다**. 음성은 **매끄러워진다**. 음성은 의미를 위해 **투명해지고**, 완전히 기의로 변한다. 이 매끄럽고, 육체가 없고, 투명한 음성은 **유혹하지 않고**, 아무런 육욕도 불러일으키지 않는다. 유혹을 낳는 것은 기의로 환원될 수 없는 **기표의 과잉**이다. 아무것도 의미하지 않고, 아무 정보도 전달해주지 않는 그 음성은 "기표들의 육욕"을 가능하게 한다. 유혹은 기표가 기의에 의해 **방해받지** 않고 유통되는 공간에서 일어난다. 명료한 기의는 유혹하지 않는다. 의미 위에 펼쳐지는 피부가 육욕의 장소다. 또

---

* 마르틴 부버Martin Buber에 따르면 진정한 만남과 대화는 나-너의 관계에서만 가능하다. 나-그것의 관계에서는 대화가 성립되지 않는다.

한 단순히 가려지고 은폐된, 덮개를 벗겨 모습을 폭로해야 할 기의가 아니라, 기의로는 풀어낼 수 없는 기표의 잉여가 비밀이다. 이 기표는 폭로할 수 없다. 그것은 말하자면 덮개 그 자체이기 때문이다.

타자의 언어

제프 쿤스*의 「이지펀-이더리얼Easyfun-Ethereal」 연작에서는 온갖 소비품들이 컴퓨터를 통해 다채로운 영상으로 조합된다. 케이크 조각, 소시지, 옥수수 낟알, 속옷, 가발 들이 어지럽게 뒤섞여 하늘을 날아다닌다. 그의 그림들은 백화점이 된 우리 사회의 모습을 반영한다. 이 사회는 수명이 짧은 사물과 광고 들로 꽉꽉 채워져 있다. 이 사회에서는 모든 다름, 모든 낯섦이 사라졌다. 그래서 더 이상 경이가 가능하지 않다. 소비문화와 완전히 융합된 제프

---

* Jeff Koons(1955~): 미국의 현대미술가.

쿤스의 예술은 소비를 구원의 형상으로 격상시킨다. 심지어 출산하는 자세를 취하고 있는 조상 「풍선 비너스Balloon Venus」는 새로운 구원자를 출산하기까지 한다. 이 비너스의 배 속에는 2003년산 동 페리뇽 로제 빈티지 샴페인 한 병이 들어 있다.

아도르노Theodor W. Adorno는 "세상에 대한 낯섦"을 예술의 한 계기로 본다. 세상을 낯선 것으로 지각하지 않는 자는 세상을 전혀 지각하지 않는다. 음전압, 즉 부정적 긴장은 예술에 본질적이다. 따라서 아도르노는 편안함의 예술이란 있을 수 없다고 생각했을 것이다. 세상에 대한 낯섦은 철학의 계기이기도 하다. 그것은 정신 자체에 내재한다. 따라서 정신은 본질적으로 비판이다.

'좋아요'의 사회에서는 모든 것이 마음에 드는 것이 된다. 예술도 마찬가지다. "인간이 주관적 정신과 다른 것을 확정적인 네트워크로 빈틈없이 뒤덮을수록, 인간은 저 타자에 대한 경이의 습관을 버리게 되고, 익숙함의 증가와 함께 낯선 것을 잃어버린다. 예술은 미약하게, 금방 지쳐버리는 몸짓처럼, 이를 보상하려고 애쓴다. 선험적으로 예술은 인간을 경이로 이끈다 〔······〕."[78] 오늘날 세상은 주관적 정신 외에는 아무것도 허락하지 않는 디지털 네트워크로 뒤덮인다. 그 결과 낯선 것, 다른 것의 모든 부정성이 제거된, 익숙한 시각 공간이 생겨났다. 이 디지털 반향공간에서 주관적 정신은 오로지 자기 자신만을 만날 뿐이다. 말하자면 주관적 정신은 자신의 망막으로 세계를 뒤덮은 것이다.

디지털 화면은 경이를 전혀 허락하지 않는다. 익숙함이 증가할수록 정신을 활성화하는 경이의 잠재력이 모조리 사라진다. 예술과 철학은 낯선 것, 주관적 정신과 다른 것에 대한 배반을 철회하는 작업을 할 의무를 지닌다. 다시 말해 주관적 정신의 확정적인 네트워크로부터 타자를 구원하고, 타자에게 그 낯설게 하는, 경이로운 다름을 되돌려 주어야 하는 것이다.

예술은 수수께끼의 특징을 갖고 있다. "예술은 수수께끼의 성질을 통해 행동 객체의 의심할 여지 없는 현존에 가장 단호하게 대립한다. 결국 예술의 고유한 수수께끼는 이 수수께끼의 성질 속에서 지속된다."[79] 행동 객체는 경이의 능력을 상실한 행동 주체의 생산물이다. "폭력 없는 관찰"과 "거리의 가까움," 나아가 **멂의 가까움**만이 사물들을 행동 주체의 강제로부터 해방시킨다. 아름다움은 오래 지속되는 관조적 시선에만 자신을 드러낸다. 행동 주체가 뒤로 물러날 때, 객체를 향한 주체의 맹목적인 충동이 꺾일 때, 그럴 때만 사물들은 그 다름을, 그 수수께끼의 성질을, 그 낯섦과 비밀을 돌려받는다.

첼란도 예술이 섬뜩한 것을 간직한다고 생각했다. 예술은 "인간적인 것으로부터의 이탈을, 인간적인 것을 쳐다보는 섬뜩한 영역으로의 진입"[80]을 낳는다. 예술의 제자리는 섬뜩한 것 속에 있다. 이런 점에서 예술의 현존은 역설적이다. 시적 영상들은 탁월한 의미에서의 상상, 즉 영상을 불러오는 것Ein-Bildungen이다. 시적 영상들은 "영상을 가져오는 것, 즉 익숙한 것의 장면 속에 낯선 것을 보이도록 편입시키는 것"[81]이다. 문학에는 어둠이 내재한다. 어둠은 그 안에 간직되어 있는 낯선 것의 현존을 증언한다. 그것은 "어떤 만남을 위해—아마도 스스로 만들어낸—먼 곳으로부터, 혹은 낯선 곳으로부터 문학 안으로 불러들인 어둠"[82]이다. 시적 상상, 문학적 환상은 낯선 것을 같은 것 속으로 편입시킨다. 낯선 것의 편입이 없으면 같은 것이 지속된다. 같은 것의 지옥 속에서 시적 상상력은 죽는다. 페터

한트케의 다음과 같은 말은 첼란의 인식에 바탕을 두고 있다. "거대한 환상은 지나가지만, 채굴할 수 있는 편입이 이루어지도록 해놓는다."[83] 낯선 것을 편입시킴으로써 환상은 같은 것, 이름의 동일성을 동요시킨다. "환상은 나를 뚫고 들어와(a) 나를 무명의 인물로 변화시키고(b) 나를 발언자로 만든다(c)."[84] 이름 없는, 무명의 발언자로서 시인은 타자의 이름으로, 전적인 타자의 이름으로 말한다.

예술은 자기초월을 전제한다. 예술을 염두에 두는 사람은 자신을 망각한다. 예술은 "나에 대한 앎"[85]을 만들어낸다. 자신을 망각한 채 예술은 섬뜩한 것, 낯선 것 속으로 들어간다. "이것은 나의 의문에 불과하지만, 문학은 예술과 마찬가지로 자신을 망각한 자아와 함께 저 섬뜩한 것, 낯선 것으로 나아가는 것인지도 모른다."[86] 오늘날 우리는 더 이상 지상에서 시적으로 살지 않는다. 우리는 안락한 디지털 지대에 자리를 잡았다. 우리는 이름이 없거나 자신을 망각하는 것과는 아주 거리가 멀다. 에고가 거주하는 디지털 네트워크는 모든 낯선 것, 모든 섬뜩한 것을 잃어버렸다. 디지털 질서는 시적이지 않다. 우리는 같은 것의 수적인 디지털 공간 속을 돌아다닌다.

오늘날의 과잉소통은 침묵과 고독의 자유 공간을 억압한다. 그러나 이 자유 공간 안에서야 비로소 우리는 실로 말할 가치가 있는 것들을 말할 수 있다. 과잉소통은 자신 안에 침묵을 본질적 요소로 지니고 있는 **언어**를 억압한다. 언어는 **정적**으로부터 생겨난다. 정적이 없으면 언어는 이미 소음이다. 첼란에 따르면 문학에는 "침묵을 향한 강한 성향"이 내재한다. 소통의 소음은 **경청**Lauschen을 불가능하게 만든다. 시적 원리로서의 **자연**은 경청의 근본적인 수동성 속에서만 모습을 드러낸다. "자연 앞에서 히페리온은 거듭 말한다. '내 모든 존재가 침묵하고 경청한다.' 이에 대해서는 이렇게 말할 수 있다. 침묵하는 존재는 실제로 '응시'가 아니라 '경청'과 관련된 것이라고 말이다."[87]

프랑스의 작가 미셸 뷔토르*는 문학이 오늘날 위기에 빠졌음을 확인하고, 이 위기를 정신의 위기로 파악한다. "지난 10년 혹은 20년 동안 문학에서는 거의 아무런 일도 일어나지 않았습니다. 신작들이 홍수처럼 쏟아졌지만, 정신적으로는 제자리걸음만 하고 있어요. 이는 소통의 위기 때

---

* Michel Butor(1926~2016): 프랑스 누보로망을 대표하는 작가.

문입니다. 우리는 경탄할 만한 새로운 소통 수단을 갖게 되었지만, 그것은 엄청난 소음을 불러일으킵니다."[88] 오늘날 타자의 소리 없는 음성은 같은 것의 소음에 파묻힌다. 문학의 위기는 궁극적으로 타자의 추방으로 인한 것이다.

문학과 예술은 타자를 향해 나아가는 도정에 있다. 타자에 대한 욕망은 문학과 예술의 본질적인 특징이다. 첼란은 「자오선Der Meridian」* 연설에서 문학을 분명하게 타자와 연결시킨다. "〔……〕 **어떤 타자를 대신하여** 말하는 것은, 더 나아가 아마도 **전적인 타자를 대신하여** 말하는 것은 〔……〕 예로부터 시의 희망 가운데 하나였다고 생각합니다."[89] 시는 어떤 타자와의 만남 속에서, 그 만남의 비밀 속에서, 상대를 앞에 두고서 비로소 생겨난다. "시는 하나의 타자에게 가고자 하고, 이 타자를 필요로 하며, 상대를 필요로 한다. 시는 타자를 찾아가고, 타자에게 말을 건다. 타자를 향해 나아가는 시에게는 모든 사물, 모든 인간이 타자의 형상이다."[90] 모든 인간뿐만 아니라 모든 사물도 상대다. 시는 어떤 사물을 호출하고, 이 사물을 그 다름 속에서

---

* 파울 첼란이 1960년에 게오르크 뷔히너 상을 수상하면서 한 연설.

만나며, 사물과 대화하는 관계를 맺는다. 시에게는 모든 것들이 너로 나타난다.

오늘날의 지각과 소통에서는 타자의 현존으로서의 상대가 점점 더 사라진다. 갈수록 상대는 나 자신을 비추는 거울로 전락한다. 모든 관심이 에고에 집중된다. 지각을 탈거울화시키는 것, 상대와 타인과 타자를 향해 지각을 여는 것은 분명 예술과 문학의 과제다. 현재 정치와 경제는 관심을 에고로 이끈다. 이런 관심은 자기생산에 기여한다. 그것은 점점 더 타자로부터 유리되어 에고로 흘러간다. 오늘날 우리는 관심을 둘러싸고 가차 없는 경쟁을 벌이고 있다. 서로에게 우리는 관심을 얻으려고 싸우는 쇼윈도들이다.

첼란의 관심 시학은 오늘날의 관심 경제와 대립한다. 그의 관심 시학은 오로지 타자에만 집중한다. "여기서 카프카에 대한 발터 벤야민Walter Benjamin의 에세이에 등장하는 말브랑슈Nicolas Malebranche의 말을 재인용하겠습니다. '관심은 영혼의 자연적인 기도다.'" 영혼은 언제나 기도하는 자세를 취한다. 영혼은 무언가를 찾고 있다. 영혼은 타자, 전적인 타자를 향해 기도하는 호출이다. 레비나스Emmanuel Lévinas도 관심을 타자의 호출을 전제로 하는

"더 많은 의식"이라고 보았다. 관심을 기울인다는 것은 "타자의 탁월함을 인정하는 것"[91]을 뜻한다. 지금은 관심의 경제가 관심의 시학과 관심의 윤리학을 훨씬 능가하고 있다. 관심의 경제는 타자에 대한 배반을 추동시키고, 자아의 시간을 전면화한다. 이에 반해 관심의 시학은 타자에 고유한, 가장 고유한 시간을, 타자의 시간을 발견한다. 관심의 시학은 "그것, 즉 타자에 가장 고유한 것이 함께 말하게 한다. 타자의 시간 말이다."[92]

시는 타자와의 대화를 추구한다. "시는 〔……〕—여전히—지각하는 자, 현상하는 것을 지향하는 자, 이 현상하는 것에 질문을 던지고 말을 거는 자의 시가 된다. 시는 대화가 된다. 그리고 흔히 절망적인 대화가 된다."[93] 시는 대화적인 사건이다. 오늘날의 소통은 극도로 나르시시즘적이다. 이 소통은 너가 전혀 없이, 타자를 전혀 호출하지 않은 채 진행된다. 이에 반해 시에서는 나와 너가 서로를 만들어낸다. "이 대화의 공간 안에서 비로소 말상대가 구성되고, 이 말상대는 그에게 말을 걸고 이름을 지어주는 나의 주위에 집결한다. 그러나 말상대는, 그리고 이 이름을 통해 말하자면 너가 된 자는 그 자신의 다름 또한 현재 속으로 가지고 온다."**94**

오늘날의 소통은 너라고 말하는 것, 타자를 호출하는 것을 허용하지 않는다. 너로서의 타자를 호출하는 것은 "근원적인 거리"를 전제로 한다.**95** 이에 반해 디지털 소통은 모든 거리를 파괴하도록 만들어져 있다. 오늘날 우리는 디지털 매체를 통해 타인을 최대한 가까이 내게로 끌어오고자 한다. 그 결과 우리는 더 이상 타자를 갖지 못한다. 오히려 우리는 타자를 소멸시킨다.

타자를 너로서 호출하는 것에는 위험이 없지 않다. 우리는 타자의 다름과 낯섦에 자신을 내맡길 각오를 해야 한다. 타자의 "너-계기"에는 어떠한 안전장치도 없다. 그것은 "우리를 잡아채 위험한 극단으로 몰아가고, 검증된 연관을 느슨하게 풀고, 만족보다는 의문을 더 많이 남겨놓으며, 안전을 뒤흔들고, 그래서 섬뜩하고, 그래서 불가결하다."**96** 오늘날의 소통은 타자로부터 너-계기를 제거하고, 타자를 "그것Es"으로, 즉 같은 것으로 획일화하려고 한다.

타자의 생각

  자신으로 존재함은 단순히 자유롭게 존재함을 의미하지 않는다. 자신은 짐과 부담이기도 하다. 자신으로 존재함은 자신이라는 짐을 짊어지고 존재하는 것이다. 에마뉘엘 레비나스는 자신으로 존재함의 부담스러운 성질을 이렇게 서술한다. "심리학적, 인간학적 서술에서는 이를 다음과 같이 번역한다. **자아는** 이미 자기 자신에게 묶여 있고, **자아의 자유는** 은총처럼 가벼운 것이 아니라 처음부터 늘 무거움이며, 자아는 풀려날 길 없이 자신이다."[97] 독일어의 재귀대명사 sich(프랑스어로는 soi)는 자아가 어떤 무겁게 짓누르는 도플갱어에 묶여 있다는 것을, 자아가 어떤 무게를, 과도한 무게를 짊어지고 있다는 것을, 그리고 자아는 실존하는 한 이 무게로부터 벗어날 수 없다는 것을 의미한다. 이런 실존적 상태는 "피로fatigue"로 나타난다. 피로의 자리는 "힘겹게 들어 올리는 무게를 내려놓는" "손에만 있는 것이 아니다." "설령 이 무게를 포기했다고 해도 여전히 자신이 내려놓는 것에 매달려 있는 손 또한" 피로의 자리다.[98] 우울증은 이런 현대적인 자아의 존재론이 병적으로 전개된 결과로 볼 수 있다. 알랭 에랭베르의 표현을 빌리자면 우울증은 자기 존재의 피로fatigue d'être soi다. 신자유주의적 생산관계에서는 이 존재론적인 짐이 무한히 무거워진다. 짐의 최대화는 결국 생산성의 최대화를 목적으로 한다.

하이데거의 현존재는 결코 피곤해지지 않는다. 지칠 줄 모르는 능력, 자신으로 존재할 수 있음의 강조가 현존재의 자기 존재론을 지배한다. 하이데거는 죽음까지도 자기를 직접 움켜잡을 수 있는 훌륭한 가능성으로 간주한다. 죽음 앞에서 '나는 존재한다'는 인식이 강력하게 깨어난다. 그러므로 레비나스에게 죽음은 할 수 있을 수 없음Nicht-können-Können으로, 근본적인 수동성으로 나타난다. 죽음은 불가능성 그 자체다. 죽음은 그 앞에서 주체가 자아의 모든 영웅주의를, 모든 능력과 가능성과 주도성을 포기하게 되는 사건으로 나타난다. "우리가 죽음의 가까움을 파악하게 되는 고통 속에서, 그리고 여전히 현상의 차원에서 주체의 능동성이 수동성으로 역전된다."[99] 죽음 앞에서의 할 수 있을 수 없음은 레비나스가 에로스라고 부르는 타자와의 관계와 비슷하다. 레비나스에 따르면 에로스는 "죽음과 흡사하다." 에로스는 "할 수 있음으로는 절대 번역될 수 없는" 타자와의 관계다.[100] 할 수 있을 수 없음의 바로 이 수동성이 타자에게 접근하는 길을 열어준다.

할 수 있음Das Können은 **자아의 화법조동사**다. 오늘날 신자유주의적 생산관계가 우리에게 강요하는 할 수 있음의 전면화로 인해 자아는 타자를 볼 수 없게 된다. 이 전면화는 타자의 추방을 초래한다. 소진과 우울증은 파괴적인 할 수 있음이 남겨놓은 황무지들이다.

할 수 있을 수 없음은 다른 종류의 피로로, **타자를 위한 피로**로 나타난다. 그것은 더 이상 자아의 피로가 아니다. 그래서 레비나스는 피로 대신 **무력함**lassitude이라는 말을 쓴다. "근원적인 무력함lassitude primordiale"[101]은 자아의 주도성을 완전히 벗어나는 근본적인 수동성을 말한다. 이 무력함은 **타자의 시간**이 시작되게 한다. 이에 반해 피로는 **자아의 시간**에서 비롯된다. 근원적인 무력함은 어떤 능력도, 어떤 주도성도 도달할 수 없는 공간을 연다. 나는 타자 앞에서 허약하다. 나는 타자에게 허약하다. 할 수 있을 수 없음의 바로 이러한 **형이상학적 허약함** 속에서 타자를 위한 욕망이 깨어난다. 타자는 자기-존재로서의 존재에 생기는 균열을 통해서만, 존재의 약점을 통해서만 나타난다. 설령 주체가 모든 욕구를 충족시켰다고 해도, 여전히 주체는 타자를 찾는다. 욕구는 자아에게만 해당된다. 욕망의 운행 궤도는 자아 바깥에 놓여 있다. sich의 중력은 자아를 자신 안으로 점점 더 깊이 끌어들인다. 욕망은 이 중력에서 벗어나 있다.

오로지 에로스만이 자아를 우울증으로부터, 자신에게 나르시시즘적으로 얽혀 있는 상태로부터 벗어나게 해줄 수 있다. 이런 점에서 **타자**는 구원의 공식이다. 나를 나로부터 떼어내어 타자에게 끌고 가는 에로스만이 우울증을 이길 수 있다. 우울한 성과주체는 타자로부터 완전히 격리되어 있다. 타자에 대한 욕망, 나아가 타자를 향한 **호출** 혹은 "전향"[102]은 자아의 나르시시즘적 껍질을 깨는 형이상학적

항우울제라고 할 수 있을 것이다.

레비나스에 따르면 한 인간을 만난다는 것은 "하나의 수수께끼에 의해 깨어 있게 되는 것"을 말한다.[103] 오늘날 우리는 수수께끼 혹은 비밀로서의 타자에 대한 경험을 잃어버렸다. 타자는 이제 유용성의 목적론에, 경제적 계산과 가치평가의 목적론에 완전히 예속되어 있다. 타자는 **투명해진다**. 타자는 경제적 객체로 강등된다. 이에 반해 **수수께끼로서의 타자는 전혀 가치평가를 할 수 없는 것이다.**

사랑은 언제나 다름을 전제로 한다. 타자의 다름뿐만 아니라 나 자신의 다름도 사랑의 전제다. 사람의 이원성은 자신에 대한 사랑에 필수적이다. "다른 한 사람이 우리와 다른, 우리와 대립되는 방식으로 살고 활동하고 느낀다는 것을 이해하고 그것에 대해 기뻐하는 것 말고 무엇이 사랑이겠는가? 대립하는 것들을 기쁨으로 연결하려면 사랑은 이 대립하는 것들을 제거해서도, 부정해서도 안 된다. 심지어 자기애도 한 사람 속에 있는, 서로 뒤섞을 수 없는 이원성(혹은 다원성)을 전제로 한다."[104]

모든 이원성이 사라질 때, 우리는 우리 자신 안에서 익사한다. 이원성이 모두 사라진다면 우리는 우리 자신과 융

합되어버릴 것이다. 이 나르시시즘적인 핵융합은 치명적이다. 알랭 바디우Alain Badiou도 사랑을 "둘의 무대"[105]라고 부른다. 사랑은 세상을 타자의 시선으로 새롭게 창조하고 익숙한 것에서 벗어날 수 있게 해준다. 사랑은 전적으로 다른 것이 시작되게 하는 사건이다. 그러나 오늘날 우리는 하나의 무대에서 살고 있다.

신자유주의적 생산관계가 의도적으로 사육하여 생산성을 증대시키기 위해 착취하는 에고는 병적으로 비대해져 있다. 그래서 우리는 삶을 다시 타자로부터, 타자에 대한 관계로부터 새롭게 보고, 타자에게 윤리적인 우선권을 인정해주어야 한다. 나아가 타자를 경청하고 타자에게 대답하는 책임의 언어를 다시 배워야 한다. 레비나스는 "말하기dire"로서의 언어를 다름 아닌 "한 사람의 다른 사람에 대한 책임"[106]이라고 보았다. 오늘날에는 타자의 언어로서의 저 "가장 근원적인 언어"가 과잉소통의 소음에 파묻히고 있다.

경청하기

미래에는 **경청자**라는 직업이 생길지도 모르겠다. 그는 돈을 받고 타인의 말을 들어준다. 타인의 말을 들어주는 사람이 거의 없기 때문에 사람들은 경청자에게 간다. 오늘날 우리는 경청하는 능력을 갈수록 잃어가고 있다. 무엇보다도 점점 더 에고에 집중하는 것이, 사회가 나르시시즘에 빠지는 것이 경청을 어렵게 한다. 나르시스는 요정 에코의 애정이 담긴 음성에, 실로 타자의 음성이라고 해야 할 이 음성에 대답하지 않는다. 그래서 에코의 음성은 자기 음성의 반복으로 전략한다.

경청은 수동적 행동이 아니다. 특별한 능동성이 경청의

특징이다. 나는 우선 타자를 환영해야 한다. 다시 말해 타자의 다름을 긍정해야 한다. 그러고 나서 나는 그를 경청한다. 경청은 선사하는 것, 주는 것, 선물이다. 경청은 타자가 비로소 말을 시작하도록 돕는다. 경청은 타자의 말을 수동적으로 좇아가지 않는다. 어떤 면에서 경청은 말하기에 선행한다. 경청은 타자로 하여금 비로소 말을 하게 한다. 나는 타자가 말을 하기 전에 이미 경청한다. 혹은 나는 타자가 말을 하도록 하기 위해서 경청한다. 경청은 타자를 말하기로 초대하고, 타자가 그의 다름을 드러내도록 풀어준다. 경청은 타자가 **자유롭게 말하는** 공명의 공간이다. 그래서 경청은 치유할 수 있다.

엘리아스 카네티Elias Canetti는 헤르만 브로흐*를 헌신적으로 타인에게 경청을 선사하는 이상적인 경청자로 치켜세운다. 상대를 환대하고 경청하는 브로흐의 침묵은 타인이 **자유롭게 말하도록** 이끈다. "우리는 그 앞에서 어떤 말이든 다 할 수 있었을 것이다. 그는 반박하지 않았다. 우리는 무언가를 모조리 다 이야기하지 않았을 때에만 부끄러움을

---

* Hermann Broch(1886~1951): 오스트리아의 작가.

느꼈다. 일반적으로 그런 대화의 어떤 지점에 이르면 우리는 갑자기 '잠깐!' 혹은 '여기까지. 더 이상은 안 돼!'라고 말한다. 그럴 때면 우리가 원했던 거리낌 없는 말이 위협받는다. 어떻게 우리 자신에게로 되돌아오고, 어떻게 그다음에 다시 혼자가 될 수 있겠는가! 그러나 브로흐 곁에서는 이런 장소와 이런 순간이 결코 없었다. 그 무엇도 중단을 외치지 않았고, 어디에도 경고판이나 경계표시가 없었다. 우리는 계속해서, 더 빨리 비틀거리며 나아갔고, 술에 취한 것 같았다. 우리 자신에 대해 할 말이 그렇게 많았다는 것을 체험하면서 우리는 강렬한 감명을 받는다. 더 멀리 용감하게 나아갈수록, 자신을 더 많이 잃을수록, 더 많은 것들이 계속해서 흘러나온다."[107] 브로흐의 침묵은 친절하고, 우리를 환대한다. 그는 타인을 위해 완전히 뒤로 물러난다. 그는 방해하는 입을 버리고 온전히 귀를 기울인다.

브로흐의 침묵은 우리를 환대하는 침묵이다. 이 침묵은 타인을 경청하는 대신 모든 것을 듣기만 하는 분석가의 침묵과는 다른 것이다. 손님을 환대하는 경청자는 자신을 비워 타인을 위한 공명 공간을 만들어낸다. 이 공간은 타인을 해방시켜 자신에게로 오게 한다. 경청만이 치유할 수 있다.

카네티에 따르면 경청자의 침묵은 "작게 들리는 숨소리들에 의해서만 중단된다. 이 숨소리들은 그가 나를 듣고 있을 뿐만 아니라 나를 받아들이고 있음을 확실하게 알려준다. 나는 내가 한 문장 한 문장 말할 때마다 어떤 집으로 들어서서 번거롭게 자리를 잡는 것처럼 느낀다." 이 작은 숨소리들은 환대의 표시이며 어떤 판단도 필요로 하지 않는 격려다. 최소한의 반응이다. 완전한 모습을 갖춘 단어와 문장은 이미 하나의 판단일 것이며, 하나의 입장 표명과도 같을 터이기 때문이다. 카네티는 판단 유보와 비슷한 "숨 멎기"에 대해 언급한다. 마치 모든 판단이 타자에 대한 배신이라고 할 수 있는 편견과 다름없다는 듯, 경청자는 판단을 유보한다.

경청의 기술은 호흡의 기술로 수행된다. 타자를 환대하는 영접은 들숨이다. 하지만 이 들숨은 타자를 자신에게 편입시키는 대신 그에게 장소를 제공하고 그를 보호해준다. 경청자는 자신을 비운다. 그는 무명의 인물이 된다. 이 비어 있음이 경청자의 친절함의 핵심이다. "그는 지극히 다양한 것들을 받아들여 보호하는 것처럼 보였다."[108]

타자에 대한 경청자의 책임감 있는 태도는 인내로 표현된다. 인내의 수동성이 경청자의 준칙이다. 경청자는 망설임 없이 자신을 타자에게 내맡긴다. 내맡김은 경청자의 윤리학을 구성하는 또 하나의 준칙이다. 오직 이것만이 우리가 스스로에게 만족하는 것을 막는다. 에고는 경청하지 못한다. 경청의 공간은 에고가 보류된 타자의 공명 공간으로서 열린다. 나르시시즘적인 에고 대신 타자에 대한 몰입, 타자에 대한 욕망이 들어선다.

경청자의 배려는 하이데거가 말하는 배려와 반대로 타자를 향한다. 하이데거가 말하는 배려는 자신에 대한 배려다. 카네티는 타자를 배려하는 마음으로 경청하고자 한다. 경청은 타자가 비로소 말을 시작하도록 돕는다. "가장 중요한 것은 미지의 사람들과 말하는 것이다. 그러나 이때 우리는 그들이 말을 하도록 하는 상황을 만들어야 한다. 그리고 우리 자신은 그들이 말을 하도록 하는 데만 모든 행동을 집중해야 한다. 이렇게 할 수 없다면, 죽음이 시작된 것이다."[109] 이 죽음은 나의 죽음이 아니라 타자의 죽음이다. 나의 말, 나의 판단, 심지어 나의 열광조차도 항상 타자의 무언가를 죽음으로 이끈다. "누구나 말하게 하라.

너는 말하지 말라. 너의 말은 타인으로부터 그들의 형상을 빼앗는다. 너의 열광은 그들의 윤곽을 흐린다. 네가 말하면 그들은 더 이상 그들 자신을 알지 못한다. 그들은 너다."[110]

'좋아요'의 문화는 모든 형태의 상해傷害와 전율을 거부한다. 그러나 모든 상해로부터 벗어나려고 하는 자는 아무것도 경험하지 못한다. 모든 깊은 경험, 모든 깊은 인식에는 상해의 부정성이 내재한다. 단순한 '좋아요'는 경험의 절대적 소멸 단계다. 엘리아스 카네티는 정신을 두 가지 종류로, 즉 "상처들에 자리를 잡는 정신과 집들에 자리를 잡는 정신"[111]으로 나눈다. 상처는 타자가 입장하는 열린 곳이다. 그것은 또한 타자를 위해 자신을 열어놓는 귀다. 자기 안에서 완전한 안락함을 느끼고 자신을 집에 가두어놓는 사람은 아무것도 경청할 수 없다. 집은 에고를 타자의 침입으로부터 지켜준다. 상처는 집의 내면성, 나르시시즘적인 내면성을 찢는다. 그럼으로써 상처는 타자를 위한 열린 문이 된다.

아날로그 소통에서 우리는 대개 구체적인 수취인, 인물로서의 상대를 지니고 있다. 이에 반해 디지털 소통은 확

장적이고 탈인격적인 소통을 촉진시킨다. 이런 소통에는 인물로서의 상대가, 시선이나 음성이 없어도 된다. 예컨대 우리는 트위터로 줄곧 소식을 보낸다. 그러나 이 소식들은 어떤 구체적인 사람을 향한 것이 아니다. 그것들은 누구도 가리키지 않는다. 소셜미디어가 반드시 토론 문화를 촉진하지는 않는다. 소셜미디어는 흔히 정념에 의해 조종된다. 비난폭풍Shitstorm*은 전혀 공론을 형성하지 못하는, 정념의 무분별한 홍수일 뿐이다.

나는 네트워크에서 정보를 습득할 때 어떤 상대 인물을 향할 필요가 없다. 나는 정보나 상품을 구하기 위해 공공의 공간에 들어서지 않는다. 오히려 나는 그것들이 내게 오도록 한다. 디지털 소통은 나를 네트워크로 연결하지만, 동시에 나를 개별화한다. 그것은 거리를 없애지만, 무간격이 인격적 가까움을 낳는 것은 아니다.

타자가 현존하지 않을 때, 소통은 정보들의 가속화된 교환으로 전락한다. 이런 소통은 어떠한 관계도 만들어내지 못하며, 오로지 **연결**만 낳을 뿐이다. 그것은 **이웃**이 없는,

---

* 소셜 미디어에서 어떤 개인이나 기업을 향해 모욕적인 비난이 대량으로 한꺼번에 쏟아지는 것을 뜻하는 독일어.

어떠한 친근함의 가까움도 없는 소통이다. 경청은 정보의 교환과는 아주 다른 것을 의미한다. 경청할 때는 어떤 교환도 일어나지 않는다. 친근함과 경청이 없으면 공동체도 형성되지 않는다. 공동체는 경청하는 집단이다.

페이스북에서는 우리 모두와 상관이 있고, 우리 모두가 이야기를 나눌 수 있는 문제들이 거론되지 않는다. 여기서 전송되는 것은 무엇보다 광고들이다. 어떤 토론도 필요로 하지 않으며 오로지 송신자를 알리는 데만 기여할 뿐인 광고들 말이다. 타인에게 걱정과 고통이 있으리라는 생각은 떠오르지 않는다. 좋아요의 공동체 속에서 우리는 오로지 우리 자신이나 우리와 같은 사람들만 만난다. 여기서는 어떠한 담론도 가능하지 않다. 정치적 공간이란 그 안에서 내가 타인들을 만나고, 타인들과 이야기하고, 타인들을 경청하는 공간이다.

경청에는 정치적 차원이 있다. 경청은 타인들의 현존재에 대한, 그들의 고통에 대한 행동이자 적극적인 참여다. 경청은 사람들을 연결하고 매개하여 비로소 공동체를 만들어낸다. 오늘날 우리는 많은 것을 듣지만, 타인들을 경청하고 그들의 언어와 고통에 귀를 기울이는 능력은 갈수록 잃어버리고 있다. 오늘날에는 각자가 자기 자신, 자신의 고통, 자신의 두려움과 함께 어떤 식으로든 혼자 남아 있다. 고통은 사유화되고 개인화된다. 그래서 고통은 자격도 없이 자아와 자아의 심리를 고치겠다고 나서는 치료의 대상이 된다. 누구나 자신의 약점과 부족함을 부끄러워하고, 오로지 자신에게만 책임을 떠넘긴다. 나의 고통과 너의 고통 사이에 어떠한 연결도 생성되지 않는다. 그래서 **고통의 사회성**이 간과되고 만다.

오늘날의 지배 전략은 고통을 사유화하고, 그럼으로써 고통의 사회성을 은폐하여 고통의 **사회화와 정치화**를 가로막는 것에 주력한다. 정치화는 사적인 것을 공적인 것으로 번역하는 것을 뜻한다. 오늘날에는 오히려 공적인 것이 사적인 것으로 해체된다. 공공성은 사적 공간들로 분해된다.

공적 공간과 경청자들의 공동체, 그리고 정치적 **경청자 집단**을 만들어내려는 정치적 의지는 근본적으로 사라지고 있다. 디지털 네트워크화는 이러한 과정을 촉진시킨다. 인터넷은 오늘날 공동의 소통 행위 공간으로 나타나지 않는다. 인터넷은 오히려 자아의 전시 공간들로 해체되고, 이 공간들 안에서 사람들은 무엇보다 자기 자신을 광고한다. 오늘날 인터넷은 고립화된 자아의 공명 공간일 뿐이다. 광고는 어떠한 경우에도 경청하지 않는다.

미하엘 엔데Michael Ende의 『모모』에서 우리는 경청의 윤리학을 읽어낼 수 있다. 모모의 우선적인 특징은 시간이 많다는 것이다. "모모가 넉넉히 갖고 있는 것은 시간뿐이었다." 모모의 시간은 특별한 시간이다. 이 시간은 타자의 시간이다. 다시 말해 모모가 타인들을 경청함으로써 그들에게 주는 시간이다. 사람들은 모모의 뛰어난 경청 능력을 칭찬한다. 모모는 **경청자**로서 등장한다. "어린 모모가 누구보다도 더 잘할 수 있는 것은 경청하는 것이었다. 이것은 딱히 특별한 능력이라고 할 수 없다고 말하는 독자들도 더러 있을 것이다. 경청하는 것은 누구나 할 수 있는 일이니 말이다. 하지만 사실은 그렇지 않다. 진실로 경청할 줄 아는 사람들은 아주 소수에 불과하다. 게다가 모모처럼 경청할 줄 하는 사람은 세상에 모모밖에 없었다." 모모는 그저 거기에 앉아 들을 뿐이다. 그런데도 모모의 경청은 기적을 낳는다. 모모는 사람들이 혼자서는 결코 떠올릴 수 없었을 생각들을 하게 만들었다. 실로 모모의 경청은 헤르만 브로흐의 환대하는 경청, 타인을 그 자신에게로 해방시키는 경청을 연상시킨다. "그럴 때 모모는 그 크고 짙은 눈으로 다른 사람을 쳐다보았고, 상대는 자기 안에 있으리라고는 짐작도 하지 못했던 생각들이 갑자기 떠오르는 것을 느꼈다. 그녀가 경청하면 혼란에 빠지거나 어찌할 줄 모르던 사람들도 갑자기 자신이 무엇을 원하는지 정확하게 알게 되었다. 또 부끄러워하던 사람들도 갑자기 자신이 자유롭다고, 용기가 솟는다고 느꼈다. 불행하거나 우울한 사람들은 미래에 대한 자신감과 기쁨을 느꼈다. 또 자신의 삶은 완전히 실패했고 아무 의미가 없으며, 자기는 수백만의 사람들 중 하나에 불과하고, 전혀 중요하지도 않고, 고장 난 냄비처럼 다른 사람들로 금세 교체될 수 있다고 생각하는 사람들은 어린 모모에게 가서 이런 모든 이야기들을 했다. 그러면 그 사람들은 말하는 도중에 이미 자기가 자신을 아주 잘못 생각했고, 정확하게 자신과 같은 사람은 세상에서 단 한 명뿐이고, 그래서 자신은 아주 특별한 방식으로 이 세상에서 중요한 인물이라는 것을 분명하게 알게 되었다. 모모는 그렇게 경청할 줄 알았다!" 경청은 누구에게나 그에게 속한 것을 되돌려 준다. 모모는 순수한 경청만으로 싸움도 조정한다. 경청은 화해시키고, 치유하고, 구원한다. "언젠가는 어린 소년 하나가 모모에게 노래를 하지 않는 카나리아를 데리고 왔다. 모모에게는 훨씬 더 어려운 과제였다. 모모는 일주일 내내 그 새를 경청해야 했다. 그러자 결국 새는 다시 지저귀고 환호하기 시작했다."

소란스런 피로사회는 듣지 못한다. 어쩌면 미래의 사회는 경청하고 귀 기울이는 자들의 사회라고 불릴지도 모르겠다. 지금 필요한 것은 전혀 다른 시간이 시작되게 하는 시간혁명이다. 타자의 시간을 다시 발견해야 한다. 오늘날의 시간 위기는 자기 시간의 가속화가 아니라 전면화로 인한 것이다. 타자의 시간은 가속화 압박을 낳는, 성과와 효율성 제고의 논리를 벗어난다. 신자유주의적 시간 정책은 타자의 시간을 제거한다. 이 시간 정책에게 타자의 시간은 그저 비생산적인 시간일 뿐이다. 자기 시간의 전면화는 오늘날 모든 생활 영역을 파고들어 인간의 전면적인 착취를 낳고 있는 생산의 전면화와 동시에 진행된다. 신자유주의적 시간 정책은 생산 논리를 벗어나는 고양된 시간die Hoch-Zeit인 축제의 시간도 제거한다. 축제는 **탈생산**을 지향하기 때문이다. 우리를 고립화하고 개별화하는 자기 시간

과는 반대로 타자의 시간은 **공동체**를 만들어낸다. 그러므
로 타자의 시간은 **좋은 시간**이다.

1 Martin Heidegger, *Vorträge und Aufsätze*, Pfullingen 1954, p. 187.

2 Eli Pariser, *Filter Bubble. Wie wir im Internet entmündigt werden*, München 2012, p. 22.

3 Martin Heidegger, *Unterwegs zur Sprache*, Pfullingen 1959, p. 159.

4 Max Scheler, *Liebe und Erkenntnis*, Bern 1970, p. 28.

5 Paul Celan, *Gesammelte Werke in sieben Bänden*, Frankfurt am Main 2000, Bd. 2, p. 89.

6 Vilém Flusser, *Kommunikologie weiter denken. Die Bochumer Vorlesungen*, Frankfurt am Main 2009, p. 251.

7 Walter Benjamin, *Das Passagen-Werk*, in *Gesammelte Schriften*, Bd. V. 1, Frankfurt am Main 1998, p. 560.

8 Jean Baudrillard, *Das Andere selbst. Habilitation*, Wien 1987, p. 39.

9 Jean Baudrillard, *Die fatalen Strategien*, München 1991, p. 65.

10 같은 책, p. 60.

11 같은 책, p. 61.

12 Carl Schmitt, *Theorie des Partisanen. Zwischenbemerkung zum Begriff des Politischen*, Berlin 1963, pp. 87 이하.

13 Jean Baudrillard, *Der Geist des Terrorismus*, Wien 2002, p. 54.

14 Jean Baudrillard, *Transparenz des Bösen. Ein Essay über extreme Phänomene*, Berlin 1992, p. 86.

15 Jean Baudrillard, *Der Geist des Terrorismus*, p. 54.

16 Winfried Menninghaus, *Ekel. Theorie und Geschichte einer starken Empfindung*, Frankfurt am Main 1999, p. 7.

17 Theodor W. Adorno, *Negative Dialektik*, Frankfurt am Main 1966, p. 190 참조.

18 Immanuel Kant, *Zum ewigen Frieden. Ein philosophischer Entwurf, Werke in 10 Bänden*, Wilhelm Weischedel 편, Bd. 9, Darmstadt 1983, p. 226.

19 같은 책, p. 213.

20 Friedrich Nietzsche, *Nachgelassene Fragmente Juli 1882-Winter 1883~1884, Kritische Gesamtausgabe VII1*, Berlin/New York 1977, p. 88.

21 Friedrich Nietzsche, *Die fröhliche Wissenschaft, Kritische Gesamtausgabe*, Bd. V2, Berlin/New York 1973, p. 240.

22 Roland Barthes, *Die helle Kammer*, Frankfurt am Main 1985, p. 45.

23 Sigmund Freud, *Vorlesungen zur Einführung in die Psychoanalyse und Neue Folge*, Frankfurt am Main 1975, p. 406.

24 Sigmund Freud, *Psychologie des Unbewussten*, Frankfurt am Main 1989, p. 259.

25 Karl Heinz Bohrer, "Authentizität und Terror," *Nach der Natur. Über Politik und Ästhetik*, München 1988, p. 62 참조.

26 Martin Heidegger, *Sein und Zeit*, Tübingen 1977, p. 189.

27 같은 책, p. 126.

28 같은 책, p. 178.

29 같은 책, p. 245.

30 Martin Heidegger, *Prolegomena zur Geschichte des Zeitbegriffs*, in *Gesamtausgabe*, Bd. 20, Frankfurt am Main 1994, p. 433.

31 Martin Heidegger, *Beiträge zur Philosophie* (Vom Ereignis), in *Gesamtausgabe*, Bd. 65, Frankfurt am Main 1989, p. 285.

32 Martin Heidegger, *Vorträge und Aufsätze*, p. 177.

33 Georg Wilhelm Friedrich Hegel, *Phänomenologie des Geistes*, Hamburg 1952, p. 30.

34 Martin Heidegger, *Die Grundbegriffe der Metaphysik. Welt-Endlichkeit-Einsamkeit*, in *Gesamtausgabe*, Bd. 29/30, Frankfurt am Main, dritte Auflage 2004, p. 193.

35 같은 책, p. 212.

36 Martin Heidegger, *Wegmarken*, Frankfurt am Main 1967, p. 103.

37 같은 책, p. 102.

38 Martin Heidegger, *Parmenides*, in *Gesamtausgabe*, Bd. 54, Frankfurt am Main 1982, p. 249.

39 Philippe Mengue, *Faire l'idiot. La politique de Deleuze*, Editions Germina 2013, p. 7에서 재인용.

40 Martin Heidegger, *Brief über den Humanismus*, Frankfurt am Main 1947, p. 9.

41 Heinz Bude, *Gesellschaft der Angst*, Hamburg 2014, p. 26.

42 같은 책, p. 24.

43 Peter Handke, *Phantasien der Wiederholung*, Frankfurt am Main 1983, p. 13.

44 Jean Baudrillard, *Das Andere selbst*, p. 23.

45 Paul Celan, *Die Gedichte. Kommentierte Gesamtausgabe*, Barbara Weidemann 편, Frankfurt am Main 2003, p. 100.

46 Karl Marx, *Ökonomisch-philosophische Manuskripte*, Hamburg 2005, pp. 56 이하.

47 같은 책, p. 57.

48 Martin Heidegger, "Schöpferische Landschaft. Warum bleiben wir in der Provinz," *Denkerfahrungen*, 1910~1976, Frankfurt am Main 1983, pp. 9~13, p. 13.

49 Hubert Winkels, *Leselust und Bildermacht. Literatur, Fernsehen und Neue Medien*, Köln 1997, pp. 89 이하.

50 Peter Handke, *Eine winterliche Reise zu den Flüssen Donau, Save, Morawa und Drina oder Gerechtigkeit für Serbien*, Frankfurt am Main 1996, p. 71.

51 Martin Heidegger, *Der Satz vom Grund*, Pfullingen 1967, p. 140.

52 Maurice Blanchot, *Thomas der Dunkle*, Frankfurt am Main 1987, p. 21.

53 Jacques Lacan, *Die Ethik der Psychoanalyse*, Berlin 1995, p. 305.

54 Jacques Lacan, *Die Angst*, Wien 2010, p. 316.

55 *Ein Triumph des Blicks über das Auge. Psychoanalyse bei Alfred Hitchcock*, Slavoj Žižek 편, Wien 1992 참조.

56 Jean-Paul Sartre, *Das Sein und das Nichts. Versuch einer phänomenologischen Ontologie*, Hamburg 1952, p. 344.

57 Michel Foucault, *Überwachen und Strafen*, Frankfurt am Main 1976, p. 259.

58 George Orwell, *1984*, Berlin 2004, pp. 6 이하. 강조는 필자.

59 Franz Kafka, *Das Schloß, Kritische Ausgabe*, Malcolm Pasley 편, Frankfurt am Main 1982, p. 36.

60 같은 책, p. 60.

61 Franz Kafka, *Forschungen eines Hundes, Kritische Ausgabe, Nachgelassene Schriften und Fragmente*, Bd. 2, Frankfurt am Main 1992, pp. 423~82, 여기서는 p. 479.

62 Franz Kafka, *Briefe an Milena*, W. Haas 편, Frankfurt am Main 1983, p. 39.

63 Roland Barthes, "Rauheit der Stimme," *Der entgegenkommende* *und der stumpfe Sinn. Kritische Essays III*, Frankfurt am Main 1990, pp. 269~78, 여기서는 p. 277.

64 Franz Kafka, *Briefe an Milena*, p. 302.

65 Roland Barthes, *Rauheit der Stimme*, p. 271.

66 같은 책, p. 272.

67 같은 책, p. 273.

68 Novalis, *Briefe und Werke*, P. Kluckhohn 편, Bd. 3, Berlin 1943, Nr. 1140.

69 Daniel Paul Schreber, *Denkwürdigkeiten eines Nervenkranken*, Samuel M Weber 편, Frankfurt am Main 1973, p. 352.

70 같은 책, p. 354.

71 Immanuel Kant, *Kritik der praktischen Vernunft, Werke in 10 Bänden*, Bd. 6, pp. 146 이하.

72 Martin Heidegger, *Sein und Zeit*, p. 268.

73 같은 책, p. 163.

74 Martin Heidegger, *Der Satz vom Grund*, p. 91.

75 Martin Heidegger, *Erläuterungen zu Hölderlins Dichtung, Gesamtausgabe*, Band 4, Frankfurt am Main 1991, pp. 168 이하.

76 *Briefe Martin Heideggers an seine Frau Elfriede 1915~1970*, München 2005, p. 264.

77 Paul Celan, *Der Meridian. Endfassung-Entwürfe-Materialien*, B. Böschenstein 외 편, Frankfurt am Main 1999, p. 11.

78 Theodor W. Adorno, *Ästhetische Theorie*, in *Gesammelte Schriften*, Bd. 7, R. Tiedemann 편, Frankfurt am Main 1970, p. 191.

79 같은 곳.

80 Paul Celan, *Der Meridian*, p. 5.

81 Martin Heidegger, *Vorträge und Aufsätze*, p. 195.

82 Paul Celan, *Der Meridian*, p. 7.

83 Peter Handke, *Die Geschichte des Bleistifts*, Frankfurt am Main

1985, p. 353.

84 같은 책, p. 346.

85 Paul Celan, *Der Meridian*, p. 6.

86 같은 곳.

87 Peter Handke, *Die Geschichte des Bleistifts*, p. 352.

88 *ZEIT*-Interview, 2012. 7. 12.

89 Paul Celan, *Der Meridian*, p. 8.

90 같은 책, p. 9.

91 Emmanuel Lévinas, *Totalität und Unendlichkeit. Versuch über Exteriorität*, Freiburg/München 1987, p. 259.

92 Paul Celan, *Der Meridian*, pp. 9 이하.

93 같은 책, p. 9.

94 같은 곳.

95 Martin Buber, *Urdistanz und Beziehung*, Heidelberg 1978 참조.

96 Martin Buber, *Ich und Du*, Stuttgart 1995, p. 34.

97 Emmanuel Lévinas, *Die Zeit und der Andere*, Hamburg 1984, p. 30.

98 Emmanuel Lévinas, *Vom Sein zum Seienden*, Freiburg/München 1997, p. 40.

99 Emmanuel Lévinas, *Die Zeit und der Andere*, p. 45.

100 같은 책, p. 58.

101 Emmanuel Lévinas, *Jenseits des Seins oder anders als Sein geschieht*, Freiburg/München 1992, p. 124.

102 같은 책, p. 321.

103 Emmanuel Lévinas, *Die Spur des Anderen. Untersuchungen zur Phänomenologie und Sozialphilosophie*, Freiburg/München 1983, p. 120.

104 Friedrich Nietzsche, *Menschliches, Allzumenschliches II*, in *Kritische Gesamtausgabe*, Bd. IV3, Berlin 1967, p. 408.

105 Alain Badiou, *Lob der Liebe. Ein Gespräch mit Nicolas Truong*, Wien 2011, p. 39.

106 Emmanuel Lévinas, *Jenseits des Seins oder anders als Sein geschieht*, pp. 29 이하.

107 Elias Canetti, *Das Augenspiel. Lebensgeschichte 1931~1937*, München 1985, p. 36.

108 같은 책, p. 32.

109 Elias Canetti, *Die Provinz des Menschen. Aufzeichnungen 1942 ~1972*, München 1970, p. 307.

110 Elias Canetti, *Die Fliegenpein. Aufzeichnungen*, München 1992, p. 64.

111 Elias Canetti, *Die Provinz des Menschen*, p. 314.

'독일 철학의 새로운 스타' '추종자들을 거느리고 있는 철학의 팝스타'로 불리는 한병철은 독일에서 한국인으로서는 실로 보기 드문 철학적 성공을 거두었다. 그의 이런 성공은 신자유주의가 지배하는 세계에 대한 어둡고 부정적인 평가가 큰 공감을 불러일으켰기 때문만은 아니다. 경구처럼 짧고 함축적이면서도 명쾌하며, 대구와 은유, 역설과 어원학에 기초한 언어유희로 점철되어 독특한 사운드를 연출하는 문장들 또한 많은 독자들을 획득하는 데 크게 기여한 것으로 보인다.

이 책에서 한병철은 기존의 저서들에서 천착해온 주제들을 한층 더 첨예한 문장들로 펼쳐놓는다. 그의 부정적인 시대 진단은 신자유주의에 대한 비판적 평가에 기반하고 있다. 자본의 이윤을 극대화하는 것을 유일한 목적으로 삼는 신자유주의는 세상의 모든 것을 생산의 도구로 획일화한다. 모든 것이 장부상의 숫자로 치환될 수 있는 것으로 간주되며, 따라서 하나의 척도에 따라 서로 비교되고 교환될 수 있는 것들로 획일화된다. 자본의 순환을 방해하는 사물들 사이의 질적 차이는 지워진다. "타자가 존재하던 시대는 지나갔다." 그 결과, 돈의 권력만이 지배하는 이 세계는 "같은 것의 지옥"으로 전락한다. 사르트르는 "타인은 지옥이다"라고 말했지만, 현재 세계에서는 같은 것이 지옥이다.

이 지옥은 과거와 다른 방식으로 지배된다. 과거에는 인간을 생산 수단으로 만들어 착취하기 위해 억압과 금지와 부정이 행사되었던 반면, 지금은 자유와 허용과 긍정이 인간을 자기착취로 이끈다. 같은 존재들로 획일화된 인간은 타인과의 영구적인 비교와 경쟁에 내던져지며, 타인 속에서도 언제나 자신과 똑같은 존재만을 확인할 뿐이다. 타인에게서 거울에 비친 자신의 영상을 볼 뿐인 나르시시즘적 인간은 자신 안에 갇힌 채 세계에 대한 진정한 경험도, 인식도 할 수 없고, 그 결과 자신과 세계에 대한 성찰 능력도 상실한다. 의미에 대한 성찰이 사라진 진공 속에서 인간은 같은 존재들 사이의 경쟁에서 살아남기 위해 자신을 생산에 최적화하려고 애쓸 뿐이다. 뒤처질 위험에 대한 상시적 불안에 지배되는 인간이 자신을 착취할수록, 자본의 이윤은 극대화된다. "두려움이 생산성을 높인다."

저자에 따르면 불안은 혐오를 낳는다. 모든 낯선 것에 대한 적대적 태도를 유발하는 불안은 공격적인 테러리즘과 방어적인 민족주의의 동일한 근원이다. 우리 사회를 휩쓸고 있는 다양한 혐오 현상들도 불안으로부터 비롯된 것으로 보인다. 스웨덴의 사회학자 노라 레첼Nora Räthzel은 '반항적 자기굴복'이라는 개념을 사용한다. 사회적 배제와 불만스런 상태에 대한 저항이 그 상태의 진정한 원인이 아니라 문제와 상관없는 타자인 제3자를 희생양 삼아 공격하는 것을 말한다. 이는 반항자가 기존 상태는 그대로 둔 채 흔히 사회적 약자 혹은 소수자인 제3자를 배척하는 데 힘을 쏟는다는 점에서 일종의 대체행동이다. 그 결과 반항자는 실제로는 스스로를 무력화하게 되고, 자신들이 맞서 싸워야 할 상황에 스스로 굴복하고 만다. 우리 사회의 온갖 혐오 현상들도 기본적으로 이러한 반항적 자기굴복에 해당한다고 보아야 할 것이다.

같은 것의 창궐, 같은 것의 테러 속에서도 인간은 기만적인 자유의식, 허구적인 해방의식에 사로잡힌다. 독특한 개성을 추구하고 자아실현을 꿈꾸지만, 실은 자본이 제공한 상품들에 갇혀 있고, 자본이 설정해놓은 인간상에 갇혀 있다. 획일화된 인간의 개인성에 대한 욕망은 인간을 개별화, 고립화하여 연대를 막으려는 자본의 전략에 이용될 뿐이다.

같은 것의 감옥으로부터의 구원은 타자로부터 온다는 것이 저자의 인식이다. 타자만이 우리 자신과 세계에 대한 인식과 성찰을 가능하게 해주고, 의미를 복원하며, 우리로 하여금 고립으로부터 탈출할 수 있게 한다.

우리는 이러한 타자를 배척하고 혐오할 것이 아니라, 환대로서 맞아야 한다. 저자에 따르면 한 문명의 발전 정도를 측정하게 해주는 기준이 바로 환대다. 그리고 우리는 타인의 음성을 경청해야 한다. 그럴 때만 우리는 타자를 인식하고, 그럼으로써 우리 자신을 인식하며, 나아가 우리를 구속하는 체제의 틀 자체를 인식하여 같은 것의 지옥을 벗어날 수 있다.

저자는 타자에 대한 인식의 매체로서 예술과 철학에 희망을 건다. 예술은 세상을 낯선 것, 나와 다른 것으로 인식하고 서술한다. "부정적 긴장은 예술에 본질적이다." 철학 또한 세상을 낯선 것으로 대한다. 이는 예술과 철학이 세상을 인지하는 지배적이고 익숙한 틀을 벗어나기 때문이다. 이로써 예술과 철학은 세상을 다르게 보고, 그 결과 다른 관점으로 세상을 평가하고 비판할 수 있게 된다.

이 책은 신자유주의와 세계화가 지배하는 우리 시대에 대한 근본적인 비판을 담고 있다. 때로 한병철의 당대 분석이 어둡고 부정적인 쪽으로만 치우쳐 있다는 비판이 제기되기도 한다. 이 시대를 살아가는 사람들을 저항이 불가능한 존재들, '보이지 않는 힘에 의해 조종되는 꼭두각시들'로만 보는 것은 부당하다는 것이다. 실로 신자유주의 체제는 수많은 비판을 낳고 있으며, 대중이 현실 속에서 체감하는 불행과 불안은 체제에 대한 저항으로도 이어진다. 하지만 저자는 이러한 저항들이 진정한 저항인가에 대해 깊은 회의를 품고 있는 것으로 보인다. 우리 시대를 지배하는 가치들을 내면화한 사람들의 저항은 규칙의 가혹함을 규탄할 수는 있지만, 규칙 자체를 전복할 수는 없다는 것이 저자의 생각인 듯하다.

저자는 핵심을 찌르는 도발적인 문장들을 통해 우리의 성찰을 자극한다. 이 책은 흔히 간과되거나 의식조차 되지 못하는 우리 시대의 결정적인 부정적 단면들을 예리한 관찰과 근원을 파고드는 비타협적인 비판의식으로 조명하는 데 성공하고 있으며, 이 책의 가치는 이런 점에 있을 것이다.